Barletta, 9 juillet 2011

Voilà, c'est ici. Via dell'Industria, Barletta, Italie. Plein sud, au cœur des Pouilles.

Une rue d'usines et d'entrepôts, un trait d'asphalte qui ne mène nulle part. Le Mezzogiorno des manufactures, un littoral sans parasols où le sirocco brûle la peau, charrie des embruns poisseux, des relents de métal en fusion. Le goudron colle aux semelles comme un chewing-gum trop mâché. Cinq cents mètres plus au nord, il y avait encore des fleurs aux fenêtres, des scooters, la vie.

Depuis le centre-ville, il faut tourner trois fois pour rejoindre la via dell'Industria. Longer le centre commercial Mongolfiera, vaisseau urbain surmonté d'une montgolfière en plastique vert. Puis contourner l'usine de ciment, rouillée jusqu'à l'os. Derrière les buissons et les oliviers, un rempart masque la voie ferrée, direction Bari.

Cette rue n'est pas conçue pour la marche. Elle n'a pas de trottoirs, juste des accotements sablonneux. Les bâtiments, de deux étages maximum, sont protégés par des portails automatisés. Le numéro 93 est un bloc de béton édifié en symétrie autour d'un escalier blanc que garde la statue d'un christ grandeur nature.

De la musique s'échappe du balcon. Des notes de piano dégringolent en cascade, en grand huit d'arpèges, couvrant jusqu'au chant des grillons. Un chien-loup sort de l'ombre, se bloque en vigile, poitrail bombé. Quelques corniauds surgissent de sous les voitures, s'arrêtent net au bas des marches.

Monter, tout de même. Suivre la musique.

L'appartement est plongé dans la pénombre des heures chaudes. L'espace est confiné, l'air encore plus visqueux qu'au-dehors. On progresse en homme-grenouille, tempes compressées, membres plombés. L'intérieur sent l'ascèse, la simplicité. Les murs sont blancs, les meubles de bois brut.

La musique vient du fond, d'une pièce encombrée de papiers, de classeurs et de disques. Le long du mur, trois bureaux d'écolier. Sur le premier, un carnet à spirales et un pot à crayons. Sur le deuxième, un ordinateur et une imprimante. Sur le troisième, un PC portable. Partout autour, des piles de CD, de vinyles 45 tours, de cassettes audio. Deux pianos, aussi : un respectable demi-queue, recouvert d'un millefeuille de partitions ; et un modèle électrique, *made in Japan*. Des mains géantes, des mygales, malmènent ses touches molles. Le pianiste joue, englué dans sa sueur. Ses lunettes noires glissent sur son nez. La transpiration donne à ses cheveux frisottés l'éclat de la brillantine des concertistes d'antan. Sa chemise bleue, baignée sous les bras, est retournée bien au-delà des poignets.

Il joue mais dans sa tête il est ailleurs, sans doute pas à Barletta.

Derrière lui, une série d'étagères fait caisse de résonance. Les boîtes s'entassent, gonflées de partitions. Sur les étiquettes : « Praha », « Berlin », « Brno ». Et puis « Goué », « Kropinski », « Ullmann ». Sur la rangée supérieure, « Terezín », « Dachau », « Auschwitz ».

Voilà bien vingt ans que Francesco Lotoro n'interprète plus Mozart et Chopin. Il voit plus loin, trop loin peut-être, il s'est fixé une mission : ressusciter la « musique des camps », composée plus ou moins clandestinement par des prisonniers de toutes origines, de toutes religions, entre 1933 et 1945.

Cet après-midi d'été, il a lcs nerfs à vif, le cerveau saturé. Étranglé par les dettes, ivre de fatigue, il joue seul, comme hors du monde, une symphonie du compositeur tchèque Erwin Schulhoff. Du fond de cette rue sinistre, entre une usine de cônes glacés et un centre de nettoyage de tapis, les notes s'échappent par la fenêtre, s'étiolent dans l'air brûlant. À quarante-sept ans, Francesco n'a rien d'autre que la musique, mais c'est son trésor.

Erwin Schulhoff

Forteresse de Wülzburg, Allemagne, 1942

Ces dernières heures, dans la pénombre de sa cellule, Erwin Schulhoff a travaillé plus vite encore. Le compositeur tchèque sait que la tuberculose aura tôt fait de l'épuiser. Que la forteresse de Wülzburg, étoile blindée édifiée sur une colline de Bavière, aura bientôt raison de ses forces. Il estime le nombre d'heures qu'il lui reste à vivre, le nombre de mouvements qu'il pourra ajouter à cette symphonie. Au détour des notes, dessinées d'un trait malade, ce pianiste de quarante-huit ans laisse des indices à l'inconnu qui, un jour peut-être, prendra soin de cette œuvre et lui donnera vie. Pour gagner du temps et déjouer la censure, le prisonnier procède par raccourcis. Sur la partition, des « A », des « B » et des « C » renvoient aux passages à répéter.

Des petites étoiles et des signes étranges, sortes d'escargots miniatures (@) apparaissent çà et là, suggérant un langage codé, des mots interdits. L'artiste veut composer, composer jusqu'au bout, et transmettre.

À quoi, à qui pense-t-il en faisant crisser sa plume ? Pour sûr, il ne connaît pas Barletta, il ne peut imaginer que sa symphonie y sera reprise, soixante ans plus tard, par un pianiste italien aux manches retroussées.

Erwin Schulhoff est mort le 18 août 1942.

Erwin Schulhoff est mort page 23, au quatrième mouvement de sa dernière symphonie, la « 8 », son testament musical.

L'histoire de ce musicien oublié renvoie au début du XXe siècle. À une époque où les « maîtres » d'Europe centrale habitaient Vienne, Cologne, Leipzig. Le jeune Erwin, Pragois de naissance, tourne alors comme un bébé Mozart entre les mains des uns et des autres. Lettre de recommandation d'Antonín Dvořák, leçons particulières avec Claude Debussy… Dès l'âge de seize ans, en 1910, sa réputation est faite. Seul le service militaire vient interrompre son ascension. À vingt ans, le voici au pire moment (1914-1918) dans l'armée austro-hongroise. De tranchées en hôpitaux militaires, le pianiste chic opère sa mue. Lors de la bataille d'Asiago (Italie, 1916), sous les pics acérés des Dolomites, il compose mentalement

Fünf Grotesken, pour piano. Il sortira de la Grande Guerre exténué, saoulé de mort et de bêtise.

Communiste convaincu, avant-gardiste rebelle, il découvre l'atonalité, et se livre à des expérimentations musicales qui réveillent son esprit orageux où la folie sommeille. Sa part d'ombre se dévoile, tous sens en éveil, la rythmique comme battements de cœur, l'animalité libérée. Il passe ses nuits blanches à danser tel un possédé avec les filles de bar. À Berlin, il s'encanaille chez les dadaïstes. À Prague, où la radio nationale a recours à ses talents, il compose *Sonata erotica* pour femme seule : la chanteuse feint l'orgasme accompagnée d'un piano.

Sur les clichés d'époque, Schulhoff est insaisissable. Une gravure sur bois de Conrad Felixmüller, datée de 1924, trahit ses tourments : sourcils asymétriques, regard enfiévré, petite bouche malicieuse, cheveux de jais plaqués à la brillantine, nœud papillon et costume noir. Un vampire aux mains noueuses devant un piano immense, véritable orgue de conte surmonté d'une partition.

Son art est total, sans compromis, sa musique un défi à la rigidité d'esprit, un tapis de bombes sonores qui éclatent en déflagrations jazz, en symphonies chahutées. Il crée *Ogelada*, un « ballet-mystère » d'après une légende mexicaine, cocktail arrangé à base de fox-trot déjanté. Et va même jusqu'à imaginer l'orchestration grandiose du

Manifeste du parti communiste, avec effets de lumières et de sons.

Le surdoué épate autant qu'il agace. On l'entend à la BBC, on le réclame dans les festivals, l'Europe s'étonne de ses dingueries. Partout, il est applaudi, sauf dans l'Allemagne du IIIe Reich, où sa présence est interdite, et son opéra *Flammen*, inspiré du mythe de Don Juan, retiré de l'affiche. Catalogué « musicien dégénéré » par le régime nazi, il fait partie des artistes jugés impurs et dangereux (car juifs, car de gauche, car tsiganes...) lors d'une exposition organisée à Düsseldorf au printemps 1938. Deux ans plus tard, son nom figurera en bonne place dans le *Dictionnaire des Juifs dans la musique*. « Dégénéré », le génie pragois l'est triplement au regard des censeurs allemands : juif, communiste, homosexuel à l'occasion. Lui s'adapte et ruse en utilisant des pseudonymes. Hanuš Petr, Georg Hanell, Eman Balzar, Franta Michálek, Jan Kaláb : autant de Schulhoff masqués.

À l'orée de la guerre, sa vie privée se disloque. Sa femme est malade, il s'éprend d'un étudiant, sa mère décède, il divorce, il se remarie, on l'empêche de jouer, il est traqué. Ses amis ont beau le supplier de partir en Grande-Bretagne ou aux États-Unis, il choisit la nationalité soviétique, pour lui, sa nouvelle épouse et son fils Petr. Le 13 juin 1941, ils obtiennent leur visa d'émigration vers l'URSS. Mais Hitler déclare la guerre à Staline et ordonne l'invasion vers l'est. Arrêté dix jours plus tard, Erwin Schulhoff est déporté à Wülzburg sous le faux nom de Gustavowitsh. Pas comme juif, ni comme communiste, ni comme homosexuel, mais en tant que ressortissant soviétique. Au moins son identité d'emprunt lui permet-elle d'échapper aux travaux des champs, réservés aux Juifs.

Dès les premiers mois de captivité, le froid et la faim altèrent sa santé, la tuberculose menace. Seule l'écriture musicale le maintient en vie. Il compose des pièces pour piano, sans jamais en effleurer un seul derrière ces murs fortifiés.

Le 14 mars 1942, deux jeunes Russes qui tentent de s'enfuir de Wülzburg sont abattus sur un chemin forestier. Leurs cadavres sont ensuite déposés, à la vue de tous, dans la cour centrale. L'avertissement plonge leurs codétenus dans le silence. Schulhoff, lui, s'attable devant une feuille vierge et y jette les premières notes de sa huitième symphonie, dédiée aux héros. Fin avril, il achève le deuxième mouvement. Au début de l'été, alors que la fièvre le ronge, il termine le troisième, *allegro con molto fuoco*, puis lance le quatrième, qui reprend d'abord des airs de polka avant d'entamer sa métamorphose en fanfare triomphante. À la vingt-huitième mesure, le 18 août 1942, la marche s'interrompt. Schulhoff s'éteint, vaincu par la maladie. Sur sa table, il laisse les vingt-trois feuilles de sa symphonie. Ces documents, sauvés de la destruction puis de l'oubli, reprendront vie six décennies plus tard, en Italie, dans la zone industrielle de Barletta.

Francesco Lotoro pensait à Erwin Schulhoff depuis son premier séjour à Prague, en 1990. Mais à l'époque, il n'avait pas assez d'informations sur la « 8 ». Dans la précipitation, il s'était même trompé d'endroit, cherchant sa trace du côté du Musée national quand elle dormait dans les remises du musée de la Musique.

Douze ans plus tard, en août 2002, Francesco décide donc de retourner à Prague pour essayer de récupérer enfin une copie de l'œuvre inachevée. Quelques jours avant son départ, le fleuve Vltava déborde, noyant la capitale tchèque sous ses eaux boueuses. À la télévision, on voit des barques sur la grand-place, des habitants en maillots de bain. L'éléphant-vedette du zoo meurt noyé. Métros et tramways sont bloqués. La « 8 », conservée dans les sous-sols du musée, est-elle menacée ? Francesco l'imagine déjà flottant sous le pont Charles...

Stressé au possible, il dépose ses bagages à l'hôtel Palma et file s'enquérir des archives de Schulhoff. Le gardien en faction à l'entrée du musée lui répond, d'une voix pleine de colère : « Vous vous rendez compte de ce qui s'est passé ici ? » Francesco Lotoro décide de tenir le camp. Il s'assied dans un fauteuil, devant une salle où la direction tient une réunion, et patiente ainsi toute la journée, jusqu'à ce qu'une employée le remarque, juste avant l'extinction des lumières. À l'en croire, les partitions ont été déplacées en lieu sûr, dans les étages supérieurs. Un chèque en dollars permettra au visiteur italien d'obtenir, dès le lendemain, une copie des microfilms. Personne, avant lui, n'avait eu l'idée de les consulter.

Une fois développées, les partitions sont des feuilles immenses. Vingt portées par page au début, quatorze ensuite, douze pour les derniers mouvements. Une pluie de notes qu'il faut déchiffrer et recopier à la main. Schulhoff était précis, méticuleux. Trois jours de vie supplémentaires et il aurait terminé l'œuvre. Francesco, lui, mettra trois ans.

De retour à Barletta, il bute d'abord sur les espaces vides laissés dans le texte comme autant d'énigmes. Des coupes sèches, destinées à éviter la censure. C'est Petr Schulhoff, le fils du maître, qui lui fournira une clef de compréhension : dans le langage codé de l'artiste, les personnages manquants ont pour noms « Marx », « Lénine », ou « Staline ». Quant aux mystérieux « @ », ils désignent les *arbeiten*, les travailleurs. Peu à peu, Francesco remplit les blancs. Comme il n'a pas encore d'ordinateur, son ami chef d'orchestre, Paolo Candido, recopie tout, d'une calligraphie nette et bien formée, et lui envoie, tous les deux jours, une nouvelle page à étudier.

La « 8 » est une montagne, elle n'est pas écrite pour le seul piano. Schulhoff imaginait un orchestre entier, une instrumentation luxuriante, qu'il convoquait au moyen d'indications manuscrites. « Tambours » ici, « trombones » là... Luttant contre le temps, il datait toujours son travail du jour de début des mouvements. Sa dernière signature, « 12/05/1942 », annonce le quatrième...

Au début, la main gauche, tranquille, déroule une atmosphère soyeuse, avec le rythme des timbales et de la contrebasse, puis des tubas qui grondent. La main droite, de son côté du clavier, dirige les violons, lance une tempête de notes. Au bas de la page 22, Schulhoff promet une charge épique, un nouveau départ. *Subito in tempo di marcia trionfale* écrit-il, ambitieux. Mais il s'effondrera juste avant le triomphe annoncé, laissant un simple accord en la majeur perché en haut de la vingt-troisième page.

De Wülzburg à Barletta, de 1942 au début des années 2000, une sorte de communication cérébrale s'établit entre les deux artistes. Les mains du pianiste italien suivent celles du prisonnier tchèque. Il manque juste la fin, le mouvement ultime, censé reprendre la substance de l'œuvre et la sublimer.

Pour le trouver, Francesco s'enferme dans l'appartement qu'il partage, à l'époque, avec sa femme, Grazia, au rez-de-chaussée du 7 via San Ruggero, une venelle du quartier historique qui plonge en douceur vers la plage de Barletta. Rien d'autre que sa « mission » ne compte à ses yeux, tout le reste est devenu secondaire : la vie sociale, le repos, les cours de piano, même Grazia. Car Schulhoff, c'est un énorme orchestre à jouer avec dix doigts. La « 8 », c'est presque une heure dix minutes d'une traite, une course de fond à l'allure d'un sprint. Sur la partition, le prisonnier a précisé en caractères minuscules la durée estimée des mouvements. « Environ 13' » pour le premier. « 9' » pour le deuxième. « 21' » pour le troisième. Lotoro cale ses temps de passage sur ces indications, peaufine la synchronisation. Mais le mental dévisse. Ses crises de colère retentissent dans le centre-ville. Il crie sur les gamins qui jouent au foot contre le portail. Ne supporte plus leurs ballons, les a en phobie. Veut déménager mais n'en a pas le temps. La « 8 » l'obsède, il s'y consacre corps et âme, sans un jour de pause. Ses bras s'automatisent, son cerveau surchauffe. Il ne profite pas du soleil, ne marche plus le long de la plage avec Grazia, ne s'arrête que pour engloutir des spaghettis.

Chaque nuit, huit mois durant, il joue du piano digital, éteint, pendant que sa compagne cherche le sommeil derrière la bibliothèque de leur pièce unique. Pas besoin de son : le cliquetis des touches et la gymnastique des doigts suffisent à Francesco. Il frappe le clavier jusqu'aux petites heures, au moment où Grazia insiste une dernière fois : « Viens dormir. »

Pour mieux maîtriser la « 8 », Francesco l'interprète dans l'ordre, puis à rebours. Une heure aller, une heure retour, jusqu'à six voyages quotidiens avant d'autoriser son corps encore vibrant à s'étendre sur le lit. À force de jouer Schulhoff, le piano lui-même s'affaisse, perd sa forme, les touches ondulent. En moins d'un an, le « tac tac tac » nocturne a ruiné ses mécanismes. Un ami réparateur vient l'ausculter : « Frangè, tu l'as consumé ! lui lance-t-il. J'ignore ce que tu as fait dessus, je ne veux pas le savoir, mais je n'ai jamais vu ça. » À l'intérieur, les chevilles ont fondu sous la force brute du musicien.

À l'heure où l'instrument rend l'âme, Francesco Lotoro est comme une corde de violon sous tension, mais il atteint la virtuosité. Il est prêt, il le sent, à enregistrer la « 8 ».

Quand il se présente dans l'auditorium du conservatoire de Foggia, Schulhoff est en lui, sa peau dans la sienne. Soixante-trois minutes de performance gravées sur disque et il repartira seul à Barletta.

Il arrive une heure à l'avance à la gare pour son train du retour. Il attend sur le quai, debout, figé dans un moment de paix, alpiniste au sommet.

Le lendemain, au réveil, il peine à émerger. C'est comme s'il avait besoin de dormir une année entière. Ses bras sont raides, sa tête lessivée. Un pas hors du lit, et il s'écroule. L'ours est vidé, il doit hiberner. Un an sans piano. Mais sa quête, elle, peut continuer…

Barletta, 10 juillet 2011

Autrefois, Barletta était une place forte de l'industrie de la chaussure. Surtout celles aux semelles de gomme.

C'était avant les Chinois.

Certains fabricants résistent en rognant sur les profits, mais il ne reste plus qu'un modèle produit uniquement à Barletta : les chaussures de sécurité. À croire que les tatanes de chantier labellisées sont plus difficiles à copier que les souliers de gentleman dans les ateliers du Guangdong. Et puis, il y a les vêtements Monella Vagabonda, vague fierté locale à l'écusson en forme de grenouille. Les autres entreprises ont gardé l'enseigne d'origine mais ne façonnent plus sur place. Elles pactisent avec les manufacturiers asiatiques ou albanais, et servent juste de tête de pont commerciale pour revendre à l'Italie ce qu'elle fabriquait seule il y a quelques années.

Barletta compte quatre-vingt-dix mille habitants, vingt et une églises, et deux saints patrons : Santo Ruggero Vescovo et Santissima Madonna dello Sterpeto. En ce début juillet, la ville vaque à ses occupations estivales, entre sieste et plage. Les pipelettes de quartier et les joueurs de cartes se disputent chaque coin d'ombre. Dans les rues centrales, pavées de dalles blanches qui captent le soleil et restituent un halo brûlant, les pas ont une étrange résonance, comme pour annoncer un défilé de pénitents, et rappeler que l'on marche ici sur deux millénaires de chrétienté. La ville ne fut-elle pas, au temps des croisades, le siège de l'évêché de Nazareth ? Étrangement, l'évêque actuel jouit toujours du titre, honorifique, d'évêque de Barletta-Molfetta-Trani et de... Nazareth.

En 1978, aux abords de la via dell'Industria s'étendait une friche industrieuse où de nouvelles usines poussaient chaque mois. L'oncle de Francesco y était le patron de Fregilegno, une entreprise de sculpture sur bois implantée via Madonna vecchia dello Sterpeto.

Cette année-là, Francesco a quinze ans, et un piano qu'il déplace du salon familial à l'usine du tonton. Là-bas, au moins, il n'embêtera personne, et pourra jouer pendant les matches de l'Inter Milan, quand son père et son frère, enrubannés de noir et de bleu, exigent un silence de couvent. Frangè, lui, est un cérébral qui préfère la compagnie des livres à celle des avant-centres. La nuit, il explore les encyclopédies en mineur de fond, avec une lampe frontale. Le jour, il fait les devoirs de son frère cadet et de ses deux sœurs.

L'usine du *zio* est située à cinq kilomètres de chez lui. Au bout du hangar principal, il y a un grenier vide où les ouvriers ébénistes ont déposé le piano. Francesco vient tous les jours, à bicyclette, et à heures fixes, 14 h 30-22 heures. Mamma Concetta n'oublie jamais de glisser un *panino* et une bouteille d'eau dans sa sacoche.

Le jeune musicien s'active en solo, dans la pénombre. À l'étage inférieur, les ouvriers poncent, grattent, sculptent des frises, des poignées, des madones et même des petits jésus. Francesco a beau s'abîmer les yeux dans la brume de sciure, il persiste, au point de transférer un second piano, à queue celui-là, sur son estrade. Il installe aussi un poêle, pour se chauffer les doigts en hiver. Le dimanche, quand le gardien boucle l'usine de 17 à 22 heures, il se laisse enfermer dans son antre. La nuit, il attend le départ de son oncle, qui démarre sa voiture derrière le vélo et roule en pleins phares pour l'escorter et éloigner les chiens errants à coups de klaxon.

Son père, Giuseppe, est tailleur de profession. À une époque, il s'est associé à un cousin pour ouvrir une boutique dans le centre-ville. C'est un amateur d'opéra ; quand l'Inter a gagné, il lui arrive de chanter *La Traviata* dans la cuisine. Concetta, elle, est *pantaloniera* : elle coud les boutons et fait les revers pour que le bas du pantalon casse bien sur le soulier.

Leur fils met la même énergie obsessionnelle au piano qu'à l'école. Sauf les jours où il fait semblant d'aller en cours. Le jeudi matin, il part à pied, puis bifurque vers l'usine. Et rentre pour le déjeuner comme si de rien n'était. Il ne lui reste plus, alors, qu'à imiter la signature de Concetta – des boucles enchâssées en tournicotant le stylo trois fois – et à justifier son absence par ces quelques mots : « Pour situation familiale gravissime. » Le stratagème fonctionnera un mois. Au final, Francesco obtiendra tout de même son baccalauréat avec 58 points sur 60.

Il n'est pas question, à ses yeux, de vivre de la couture, comme ses parents, ni de devenir médecin ou avocat. Lui se voit concertiste, et rien d'autre. Le bac en poche, il s'inscrit au conservatoire de Monopoli, au sud de Barletta. Même son service militaire sera musical : affecté chez les *bersaglieri*, en Sardaigne, il intègre la fanfare du régiment et s'enferme dans la chapelle, par bonheur pourvue d'un piano. Le voici prêt à réorchestrer les chansons de troufions en hymnes clinquants, à donner un concert en grande tenue, uniforme marron et chapeau pointu.

Son supérieur, admiratif, l'envoie chez un tailleur du sud de l'île, pour qu'il ait enfin un costume à sa mesure, redingote noire et chemise blanche.

De retour à Barletta, le soldat Lotoro retrouve ses pianos. À l'usine, personne n'y a touché en son absence. À l'étage du dessous, les voisins-ouvriers font toujours les trois-huit. Dehors, les chiens rôdent.

Au conservatoire de Monopoli, cité fortifiée du bord de mer, Francesco croise alors un Hongrois qui lui parle de l'académie Franz-Liszt, prestigieuse école de Budapest. Là-bas, au moins, il pourra se frotter à la rigueur des maîtres. Lui, en tout cas, compte bien tenter sa chance. Il engloutit Bach et Bartók comme devoirs de vacances et réussit l'examen d'admission.

De Budapest, il ne verra jamais les monuments. Les professeurs hongrois sont beaucoup plus exigeants que leurs homologues italiens. Pour peaufiner son art, Francesco doit s'exercer non-stop, de 6 h 30 à 22 heures. Cet apprentissage, il le devine, va l'embarquer vers des territoires inconnus, musicaux et intellectuels. Peu à peu, il s'initie à Nietzsche, à Pasternak. Et la dernière année aux compositions des prisonniers du camp tchèque de Terezín : Viktor Ullmann et Gideon Klein. Des musiques confinées qui le prennent à la gorge.

En décembre 1989, Francesco revient à Barletta pour les vacances de Noël. Quelques jours en famille et il repartira en Hongrie, achever sa seconde année à l'académie. Pour ne pas perdre la main, il répète dans le garage de ses parents, où les pianos de l'usine ont fini par être remisés. L'endroit n'est guère pratique : des bidons sont entreposés tout autour ; ça sent le gazole et l'huile d'olive ; l'artiste doit se positionner au plus près du clavier car le pare-chocs de l'Opel Vectra paternelle pointe dans son dos.

Un matin de janvier, son œil gauche le démange. Il sent comme une boule de chair gonflée sur sa paupière. Sa vue se voile, il peine à discerner les touches du clavier. Remontant chez ses parents, il file devant le miroir de la salle de bains : côté gauche, son visage est bouffi, une vraie gueule de boxeur. Francesco sait combien sa vue est fragile. Mamma Concetta le répète sans cesse, et lui avait même donné des lentilles spéciales qu'il n'a jamais mises en Hongrie. Ce pays, pour lui, c'était un jour sans fin. Il y a laissé sa santé, et bien des rêves.

Le jeune Italien ne retournera pas à Budapest. Son père le conduit à l'hôpital de Bari. Un chirurgien referme sa paupière comme Concetta coud les revers aux pantalons. Pour la première fois, le pianiste est hors service. L'œil en pirate, il attend un don de cornée. Il viendra bien involontairement de sa tante, décédée en février. Transplantation. Pupille recousue, myopie ajustée, la « machine

Frangè » peut repartir à l'assaut. Mais en Italie, pas en Hongrie.

En 1990, après un an passé à écumer les concours régionaux et à donner des récitals, le pianiste s'offre l'encyclopédie musicale *DEUMM*. Page après page, il en étudie les douze volumes, examinant, pour chaque compositeur, les lieux de naissance et de mort. Ses yeux se focalisent alors sur un nom, cent fois répété : Auschwitz. Un autre nom revient souvent : Terezín, cité-ghetto des environs de Prague où furent enfermés quelques uns des plus grands musiciens du moment.

En novembre 1990, Francesco Lotoro prend l'avion pour la capitale tchèque un peu à l'aveugle, poussé par une curiosité folle, sans se douter que ce voyage va changer sa vie. Juste avant le départ, sa mère a déposé une paire de chaussures bien chaudes dans sa valise en cuir. Elle s'est dit qu'à Prague, cité lointaine vue de Barletta, il devait y avoir des pingouins et des igloos. Son Frangè a rouspété, mais elle n'avait pas forcément tort, la *mamma* : la ville est enneigée, des cygnes marchent sur la Vltava gelée. Ses mocassins se fendent en deux dès sa première excursion hors de l'hôtel Palma. Côté politique, au contraire, le pays vit à l'heure du dégel : le communisme implose, il y a des étiquettes sur les billets pour rattraper la dévaluation de la monnaie nationale.

La directrice du département musical de la bibliothèque municipale, Blanka Cervinkova, a préparé la venue de ce mystérieux Italien. Un étranger intéressé à ce point par Gideon Klein et Viktor Ullmann, c'est intrigant.

À Prague, Francesco fonctionne en rituel. Levé aux aurores, il quitte sa chambre du Palma à 7 heures du matin, marmonne en anglais pour se faire ouvrir les portes des bibliothèques universitaires, sonder les archivistes, interroger les brocanteurs. Comme rien n'est digital, il faut recopier chaque partition.

À midi, retour à l'hôtel pour un déjeuner roboratif mais peu coûteux. Ensuite, il reprend son travail jusqu'à la fermeture des établissements. Il catalogue tout, photocopie à la chaîne, rationalisant chaque geste pour placer la feuille dans la machine tout en préparant la suivante. Par deux fois, il oublie une page collée à la précédente. Pas le temps de revenir en arrière. La frénésie de la quête le dévore.

Au sixième jour, sa chambre est tapissée de partitions. Au septième, la moquette disparaît sous l'œuvre de Gideon Klein, celle de Viktor Ullmann atteint la salle d'eau. Francesco, le solitaire, peuple son esprit de ces figures disparues. Il lit leur musique comme il dévorait autrefois les livres d'Histoire. La nuit, il a du mal à s'endormir : les portées parcheminées jouent dans sa tête un air sans fin.

Un matin, il sacrifie trente minutes de son programme pour aller acheter une seconde valise, un modèle économique, souple mais solide. En quinze jours, il a déjà déniché plus de cent partitions, et récupéré des documents de la Grande Guerre, des œuvres des maîtres du XIXe siècle. Il le sait maintenant : pour comprendre les maudits de Terezín, il lui faut pénétrer leur âmes, étudier leurs mentors, Vilém Kurz, Alois Hába, Arnold Schönberg...

Un destin l'obsède : celui de Gideon Klein, fusillé dans un camp annexe d'Auschwitz à vingt-cinq ans. Auparavant, à Terezín, Klein avait composé des sonates pour piano, des trios pour cordes, des fugues et même des berceuses... Francesco sait combien ce prodige fut prolifique dans le huis clos du camp. Il s'imprègne de sa photo, cliché sépia d'un beau garçon, nez droit, regard de velours. Et le dernier soir, funambule sur son tapis de partitions, le jeune Italien se dit qu'il a fait des découvertes si extraordinaires qu'à ce rythme, il pourrait peut-être continuer, tout trouver, tout jouer, Gideon et les autres. Jamais il ne s'est senti aussi fort. Oui, il doit, il va continuer.

À peine rentré à Barletta, chez ses parents, Francesco veut déjà repartir. Pour gagner trois sous, il multiplie les concerts, même les soirées piano-bar. Quelques semaines après sa « révélation » pragoise, le voici de retour sur les rives de la Vltava. Là, Blanka Cervinkova, la bibliothécaire, et le compositeur Petr Pokorný, un ex-dissident, lui montrent la voie des archives secrètes, et des disquaires avertis. En juillet 1991, Blanka l'accompagne ainsi à la librairie musicale Divertimento, lieu d'exception où la mémoire musicale de la Mitteleuropa se décline en partitions aux couvertures jaunies.

Ce jour-là, c'est le fantôme de Gideon Klein que Francesco Lotoro approche en premier. Alors qu'il explore une pile de documents dans l'arrière-boutique, un visage surgit. Aucun doute : c'est Klein... Klein au féminin. Sa sœur, Eliška, ancienne détenue de Terezín. Elle a dédié sa vie à la mémoire de son frère. Elle parle en allemand à Francesco. Il ne comprend pas un mot mais n'en dit rien, pétrifié d'émotion. Le seul fait de la voir est un rappel physique de la tragédie. Il en tremble.

Eliška vient de débusquer une boîte entière de partitions composées par son frère en détention. Elle tend à Francesco un parchemin couleur cigare, un rouleau de papier velouté, noirci avec un stylo à la pointe fine sur un support de portées déjà imprimées : la *sonata* de Gideon, créée le 23 octobre 1943 à Terezín. En pattes de mouche, une scansion indique que l'artiste disposait d'un métronome. Un luxe. Sa sœur, pianiste elle aussi, lève les mains et bat la mesure en chantonnant, afin de montrer comment il convient d'interpréter le troisième mouvement. Avant de partir, elle dédicace la partition. Et signe d'un lapsus : « Praha – 20.07.1944 ».

Francesco Lotoro enregistre un premier disque de piano, diffusé en France sous le titre *Les Musiciens martyres de l'Holocauste*[1]. Mais, ce CD à peine pressé, il comprend qu'il ne peut se limiter au seul piano. La musique des camps va bien au-delà, il n'en effleure pas encore les contours. Il y a d'autres instruments, d'autres victimes que les artistes juifs de Prague, des conditions de captivité variées, des époques différentes. Il faut désormais raisonner en chercheur, en archéologue, et relever un défi : retrouver, classifier, toute la musique produite en captivité entre l'ouverture du camp de Dachau, en 1933, et la capitulation japonaise, en août 1945. Réveiller des notes nées et mortes en captivité. Briser un silence dans l'histoire musicale du XXe siècle. Face à lui, une hécatombe de compositeurs. Beaucoup savaient qu'ils ne s'en sortiraient pas, mais cela ne les a pas dissuadés de se battre pour préserver au moins leur créativité, l'ultime liberté.

Dans les années 1990, Francesco mène de front ces recherches et une activité pianistique traditionnelle. Un tiers de son temps, largement étendu sur la nuit, est consacré à divers projets d'enregistrement

1. *Shoah. Les Musiciens martyres de l'Holocauste*, Arion, 1995.

des messes de Bach, avec le maestro Aldo Ciccolini, et d'un disque célébrant les quarante ans du Printemps de Prague. Mais, à mesure que son bureau se remplit de documents, il décide de se concentrer à cent pour cent sur la musique oubliée. La passion devient mission, l'entraînant vers un horizon artistique dont nul ne s'est vraiment préoccupé. Heureusement, il existe une poignée d'historiens solitaires avec lesquels il entame une correspondance : l'Allemand Guido Fackler (université de Würzburg), l'Américain Bret Werb (musée de l'Holocauste de Washington)... Il peut également compter sur un cercle d'amateurs prêts à l'aider, et sur quelques descendants de musiciens, qui le poussent à suivre sa voie.

Prague demeure sa destination favorite mais les archives du camp de Terezín, conservées au musée local, sont finalement décevantes. Les copies de partitions y sont exposées dans des vitrines auxquelles il n'a pas accès. Il a beau présenter son projet d'encyclopédie, mentionner les noms de ses contacts tchèques, rien n'y fait. Heureusement, il a remarqué qu'aux heures de visite, des peintres viennent poser leurs chevalets devant les tableaux réalisées dans le camp, pour s'en inspirer. Alors, il prend place parmi eux, sort un carnet à spirales, et commence, mesure après mesure, note après note, en se méfiant des reflets du verre, à copier les partitions des maîtres captifs : Klein, Krása, Berman et tous les autres.

En 1994, Francesco se rend pour la première fois en Israël, le voyage espéré depuis des années. Une fois sur place, il prend une chambre dans un petit hôtel de Tel-Aviv. Une erreur : les bibliothèques et les archives sont à Jérusalem. Et puis il est seul, et beaucoup trop ému de fouler cette terre. Les cinq jours de quête ne seront pas fructueux : pareil séjour doit être préparé avec davantage de recul, et plus sérieusement. Il reviendra. En attendant, il poursuit le tour d'Europe commencé à Prague. Dès que son compte en banque l'y autorise, il quitte son QG de Barletta et file, valise vide en main, sur la trace des musiques perdues. Paris, Vienne, Berlin, Zagreb, Copenhague, Cracovie, Brno, Nuremberg, Amsterdam… Sans oublier Prague et Jérusalem, au moins une fois par an. En chemin, il découvre qu'il y avait six orchestres à Auschwitz, un autre de quatre-vingt-quatre personnes à Buchenwald, des dizaines de surdoués à Terezín, des maîtres français dans les prisons d'officiers, des chœurs féminins à Ravensbrück, un sofi amoureux dans un cachot milanais, la fine fleur du cabaret hollandais à Westerbork…

Johnny and Jones

Camp de Westerbork, Pays-Bas, 1943

À peine descendus du wagon à bestiaux, Johnny et Jones ont signé des autographes aux prisonniers de Westerbork. Voilà des jours que la rumeur annonçait la venue des deux chanteurs néerlandais dans ce centre de détention et de transit, sorte d'îlot nazi sur la grande plaine du nord des Pays-Bas. Au début, bien des détenus n'ont pas voulu croire à la venue de telles stars. Ils savent combien les racontars peuvent être assassins entre ces murs : quand une voix promet l'intervention imminente des Alliés, une autre annonce au contraire l'extermination. Une seule constante régit le huis clos de Westerbork : tous les lundis soir, un train part pour Auschwitz.

Ce 9 octobre 1943, Nol van Wesel (« Johnny ») et Max Kannewasser (« Jones »), chevelures aussi lustrées que leurs souliers pointus, sont accueillis en vedettes. Les voici donc, ces artistes de music-hall adulés jusqu'en Belgique. Ils ont été raflés à Amsterdam, lors d'une opération visant les Juifs. Les autorités locales en avaient promis quarante mille à Berlin. L'objectif ayant été atteint dès la fin de l'année 1942, la police hollandaise, plus zélée que jamais, a poursuivi la traque dans les asiles, les maisons de repos, les studios d'enregistrement. Johnny et Jones n'y ont pas échappé.

Ces deux-là sont amis depuis des années. Leurs chemins se sont croisés à Amsterdam au grand magasin De Bijenkorf (« La ruche »), fameuse adresse de Dam Square où l'on trouve tout, du linge de maison aux harengs à l'huile. Au début des années 1930, Max et Nol y sont employés au rayon des appareils ménagers. Le premier a vingt ans, le second dix-huit. Une même passion les anime : la musique des *showmen* américains. En 1934, lors de la fête annuelle du personnel, ils enrôlent deux autres employés et montent un quatuor swinguant, The Bijko Rhythm Stompers. Dès le premier morceau, les collègues exultent, les patrons sont bouche bée : cette soirée fera date, ces gars-là ont du talent à revendre.

Promus piliers de l'association du personnel, ils se rôdent pendant deux ans aux rudiments du jazz. Max commence par s'exercer au chant sous le pseudonyme d'Andy Yazoo, accompagné d'instrumentistes semi-professionnels, les Merry Makers. Mais ils finissent par constituer un duo, baptisé Johnny and Jones. En 1936, l'influent producteur juif Henri Wallig les auditionne dans son fameux Cabaret des inconnus. Le résultat est convaincant, leur carrière est lancée. Les ex-employés modèles fusionnent alors avec l'orchestre jazzy The Ramblers, en prévision des premiers enregistrements officiels. En attendant, les imprésarios à cigares les propulsent sur scène pour une poignée de soirées tests au cabaret du front de mer de Scheveningen, la station balnéaire de La Haye. Cette fois encore, le succès sera immédiat.

Selon les puristes de *Jazz Magazine*, les doigts du guitariste sont un peu hésitants, mais une standing ovation conclut chacun de leurs spectacles. Celui donné le 9 août 1936 au casino de la petite commune maritime de Den Helder les élève même au rang de « phénomènes » de l'année.

Entre les shows, Johnny travaille sa guitare, étudiant de près la technique de ses modèles américains : Eddie Lang, prodige de Philadelphie ; Dick McDonough, requin de studio porté sur le gin, connu pour accompagner aussi bien Billie Holiday que Fats Waller. Un homme l'épate par-dessus tout, un virtuose manouche capable de faire swinguer le Hot Club de France avec les trois doigts de sa main gauche : Django Reinhardt.

À l'automne 1938, *Mr Dingles* est le premier hit de Johnny and Jones. Un titre de jazz comique agrémenté de bruits de bouche. En pionniers européens du jazz des Noirs américains, les deux copains imposent leur style : une guitare, des refrains entêtants, des voix rieuses, un swing de tous les diables. Les cheveux gominés, les costumes impeccables, une fleur à la boutonnière, ils séduisent. Les cabarets d'Amsterdam se les arrachent. La radio publique VARA passe leurs titres en boucle, et les met à l'affiche des festivals d'été. Ils ont le don de mêler références américaines, humour d'Amsterdam, blagues juives et jeux de mots, sur fond de thèmes d'actualité pris en dérision. La maison de disque Panachord (rachetée par Decca en 1939) ne s'y trompe pas : sitôt signé leur premier contrat, ils s'arriment d'entrée parmi les meilleures ventes. Sept albums suivront. *Swing Your Song, Violetta* fait vibrer le dancing Pschorr de Rotterdam, haut lieu du charleston batave, où l'on remue les genoux sur une piste révolutionnaire, éclairée par en-dessous. Dans la foulée, en mars 1939, le duo découvre la Belgique. Il chante d'abord au zoo d'Anvers, en compagnie d'artistes internationaux tels que les Mills Brothers, fratrie d'harmonistes noirs venus de l'Ohio. Johnny and Jones ne se démontent pas devant la concurrence « US » : leurs « hey de hey » et « ho de ho » à la Cab Calloway gagnent le respect des maîtres américains. Sept jours plus tard, les deux compères se produisent au stade olympique d'Anvers : ils chauffent l'ambiance en ouverture du match amical de football Belgique-Pays-Bas (victoire 5-4 pour les locaux).

Mais à mesure que les troupes nazies étranglent l'Europe, les réglementations antijuives se durcissent à Amsterdam. Johnny and Jones sont contraints de renoncer à leur fameux accent américain. Bientôt, ils ne peuvent plus se produire que devant un public cent pour cent juif, essentiellement dans le quartier du Plantage. L'occupant nazi les oblige à coudre une étoile jaune sur leurs vestes de scène. Ils acceptent, mais sans jamais enlever la fleur de leur boutonnière.

Le 24 août 1941, un dimanche, ils se produisent pour fêter le titre de champion d'un club de football de La Haye, l'ADO. Ce sera leur ultime enregistrement public. Il faut désormais prendre garde aux rafles menées dans Amsterdam. Bien sûr, ils se débrouillent toujours pour répéter, mais rien ne sera jamais plus comme avant, ils en ont conscience.

Les deux se marient en 1942, avec des non-Juives, et luttent pour échapper à l'arrestation. Ils seront finalement interpellés à l'automne 1943, après avoir trouvé refuge dans une cage d'ascenseur. Le 9 octobre, un train les conduira à Westerbork avec leurs épouses...

Ce jour-là, le camp grouille de silhouettes en transit, contraintes à une pause express avant d'embarquer vers des lieux d'extermination, Auschwitz, Sobibor ou Bergen-Belsen. Pour faciliter le mouvement, la ligne de chemin de fer a été prolongée jusqu'au milieu des installations du camp. Ces nouveaux quais ont été affublés d'un surnom : le « boulevard des Misères ». Plus de cent mille personnes l'emprunteront entre 1942 et 1945.

D'autres prisonniers, bénéficiant d'un statut différent, sont considérés comme des « permanents » : des Allemands, des Juifs hollandais, au total quelque deux mille habitants logés dans des baraques. Johnny et Jones les y rejoignent, avec l'espoir que leur renommée les sauvera d'un départ vers l'est.

À l'époque, Westerbork rassemble le meilleur de la scène cabaret allemande et hollandaise, une flopée de vedettes, confirmées ou en devenir, dont certaines ont obtenu le droit de se produire sur place. Le chef du camp, le SS Albert Konrad Gemmeker, un homme mystérieux, omniprésent, toujours accompagné de son petit chien, s'est laissé convaincre par l'ex-comédien comique Max Ehrlich d'ouvrir un café-théâtre. Charge à Ehrlich d'assurer la programmation. Chaque mardi soir, devant une salle comble, il recrée donc l'esprit cabaret autour d'une troupe qui comptera jusqu'à cinquante et un membres, avec les plus brillants artistes juifs du moment, mais aussi des éclairagistes, maquilleurs et techniciens professionnels. Les autres prisonniers viennent admirer Willy Rosen, le pianiste aux petites lunettes rondes, Camilla Spira, la plantureuse star de cinéma qui interprète les chansons de ses films, Esther Philipse, danseuse aguicheuse au minishort affriolant, ou encore les très sexy Westerbork Girl. Tous se succèdent sur cette scène dont le bois a été arraché à la synagogue de la ville voisine d'Assen. Leurs talents sont vantés par des prospectus racoleurs : « Humour et mélodie », « Hourra pour le chef ! », « Complètement cinglé »... Quelques heures de chants, de danses et de rire pour oublier un temps la cruauté du camp, surtout ces maudits lundis soir, quand les chefs des baraques font l'appel des partants sur le « boulevard des Misères ».

Johnny et Jones sont affectés au chantier de désossage des avions abattus lors des combats. Dans l'atelier, ils trient les bouts de carlingue, dévissent les turbines, récupèrent les pièces utilisables. Tandis que ses collègues opèrent à mains nues, Johnny le guitariste manipule les moteurs sur une large table en bois avec de gros gants fourrés, préservant autant que possible ses doigts. La tête ailleurs, le duo prépare déjà son retour sur scène, élabore ses nouveaux tubes. Mais Gemmeker le SS n'apprécie guère ce duo d'artistes juifs. Soucieux de contrôler les textes du cabaret, il exige que l'on chante en allemand à Westerbork. Or, ces gars-là, trop « américains » à son goût, le bredouillent sans aucun style. Comme il refuse qu'ils participent aux revues du mardi, les deux jeunes gens suivent des cours intensifs d'allemand dans le camp. Un mardi, enfin, ils prendront part, en version germanique (Johnny und Jones), à la « Soirée colorée », mais l'essai ne sera pas renouvelé.

Bravant les interdits, les deux rebelles se risquent à composer des morceaux en hollandais, des bouffées d'espoir chantées dans les baraquements plutôt que devant Gemmeker et sa clique. Tirés à quatre épingles, ils mettent en musique la vie du camp (*Nous démolissons un mur*) et composent un hymne tout en « doudidoudidou », un tube digne des succès de leurs années de liberté intitulé *Westerbork Serenade*.

Je crois que je ne me sens pas très bien
Je crois que je suis perdu dans mes pensées
Soudain je suis quelqu'un d'autre
Mon cœur bat comme la démolition d'avion.

Je chante ma sérénade de Westerbork
Le long de la voie brille la petite lune d'argent,
[sur la lande
Je chante ma sérénade de Westerbork
Avec une jolie fille, on se promène ensemble côte à
[côte
Et mon cœur brûle comme le feu dans la cheminée

Comme je ne l'ai jamais senti dans la maison de ma [mère
Je chante ma sérénade de Westerbork
Entre les baraques, je la crée sur la bruyère
Cette romance de Westerbork...

Un matin d'août 1944, Johnny et Jones quittent le camp, munis de laissez-passer temporaires[1]. Il leur arrive parfois de sortir ainsi de Westerbork, avec leurs collègues de l'atelier, pour aller récupérer l'épave d'un avion tombé dans les environs. Mais cette fois, une voiture les attend en vue de les conduire à Amsterdam. La ville est alors une *jew free city*, où la présence de Juifs – de surcroît musiciens en provenance de Westerbork – est en théorie interdite. Les deux garçons franchissent tout de même les barrages, pour se faufiler jusqu'aux faubourgs commerçants, le long du Vondelpark. Le chauffeur les dépose devant une bâtisse grise, qui leur est familière : le 154, PC Hooftstraat. Ils montent l'escalier, saluent leur producteur, pénètrent dans le studio de la compagnie Nekos. Ils n'auront pas le temps de s'échauffer la voix, ni les doigts. En une prise, ils doivent faire partager leur chansons-bonheur. Johnny empoigne sa guitare, Jones se

1. Les circonstances de cette sortie ne sont pas claires. Il semble que Max Ehrlich ait joué de son influence auprès des autorités du camp afin d'obtenir ce passe-droit temporaire pour un enregistrement sur la journée.

racle la gorge. « Je crois que je ne me sens pas très bien... Je crois que je suis perdu dans mes pensées... » Voilà, c'est fait : *Westerbrok Serenade* est gravée sur le sillon chaud du vinyle. Au total, les deux copains enregistrent six chansons créées dans le camp. Le soir même, ils sont de retour à Westerbork. À aucun moment, ils n'ont essayé de fuir : les hommes de Gemmeker le SS tenaient leurs épouses.

Ce moment de liberté sera sans lendemain. Quelques jours plus tard, le 4 septembre 1944, tous les membres du cabaret de Westerbork, et deux mille autres prisonniers, sont rassemblés sur le « boulevard des Misères », puis poussés dans des trains. Direction l'est. La rumeur leur promet Terezín, cité-ghetto tchèque que l'on dit peuplée de musiciens. Ils n'y restent que quelques heures, à quai. Puis le convoi bifurque, met le cap sur la Pologne. Auschwitz. Là aussi, l'arrêt sera bref. Nouveau départ. Le train glisse le long d'une autre veine noire de l'Europe du Reich : Sachsenhausen, Ohrdruf, Buchenwald. Et enfin le camp d'extermination de Bergen-Belsen, où ils débarquent début mars. Jones y mourra le 20 mars 1945, Johnny le 15 avril, jour de la libération du camp par les troupes britanniques.

Les enregistrements d'Amsterdam ont longtemps été considérés comme perdus. Jusqu'à ce que l'ancien ingénieur du son du studio de la Nekos, Hans Luder, confie qu'il en avait secrètement conservé des copies, de vieilles bobines (les « pizzas », comme on dit en Italie) léguées par la suite au mémorial de Westerbork. Un son étouffé, qui ripe et saute, mais laisse transparaître le talent de *showmen* des deux Amstellodamois.

Francesco Lotoro, l'obstiné de Barletta, ne cherchait pas de la musique légère lorsqu'il s'est attaqué à l'histoire de Westerbork. En pianiste « sérieux », il sondait les archives du camp afin de récupérer des restes de partitions des compositeurs classiques Nico Richter et Géza Frid. Mais, à sa grande surprise, les instituts de recherche des camps hollandais lui ont envoyé deux CD de Willy Rosen et de Johnny and Jones. Du cabaret... À défaut de symphonies, Francesco a découvert la folle troupe du camp maudit. Si *Westerbork Serenade* est facile à retranscrire depuis l'enregistrement audio, les cinq autres morceaux (deux en allemand, trois en hollandais) vont se révéler retors, surtout pour un Italien des Pouilles non germanophone.

Entre la réception des deux CD et l'enregistrement de quelques morceaux par l'orchestre de Francesco, trois ans s'écoulent. D'abord, il reçoit un épais courrier d'Alan Ehrlich, le petit-fils de Max, le maître d'œuvre des mardis soir de Westerbork : des brouillons de partitions, des bribes de chansonnettes. Ces précieux documents viennent s'ajouter aux quelques textes de chansons débusqués au mémorial de Yad Vashem, en Israël. Francesco dispose ainsi de la base nécessaire à la reconstruction des succès du camp. Avec l'aide d'un ami allemand, professeur à l'institut germanique de Rome, il récrit, à l'oreille, les six chansons du disque de la Nekos.

Bach est bien loin quand Francesco Lotoro s'installe au piano pour peaufiner les partitions de Johnny and Jones. En jouant *Wij slopen met muziek* (« Nous démolissons en musique »), il se rappelle sa jeunesse, quand il faisait du piano-bar dans un restaurant chic de la ville pour s'offrir le conservatoire. À l'époque, il n'avait pas osé demander au patron si le dîner était compris dans le salaire, et rentrait manger, après minuit, les plats de mamma Concetta qui guettait son retour, accoudée à la fenêtre.

Pour recréer le duo hollandais dans les Pouilles, Francesco sollicite deux amis, des valeurs sûres : Paolo Candido, histrion à la voix-sourire, et Angelo De Leonardis, baryton au timbre chaud et délicat. Ces deux-là chanteraient en dialecte zoulou si Frangè le leur demandait. Un guitariste les accompagne : Nando Di Modugno, grattouilleur virtuose de Bisceglie, un peu plus haut sur la côte, diplômé du conservatoire de Bari et de l'académie de musique de Bâle, dandy barbu à la tignasse grise.

Angelo est un baryton de poche, polyglotte et mesuré. Un érudit aux douces manières qui porte des lunettes à fines montures dorées et cache, sur un squelette de belette, la caisse de résonance d'un Pavarotti. Il enseigne la religion catholique au lycée public de Fasano, un programme sur cinq ans, qui va de l'Ancien Testament à la bioéthique. Les jours de répétition, il vient en train depuis son repaire de Fasano, cité blanche au pays des oliviers, à cent kilomètres au sud de Barletta. Angelo a déjà chanté en français, en allemand, en espagnol aussi. Cette fois, il va se mettre au tchèque, au polonais, et donc, au néerlandais. Il faudra parfaire la technique, se plonger dans le texte, sa signification, son message. Pour mettre la bonne « couleur de voix », il va cliquer, et cliquer encore, sur un site Internet de prononciation.

Paolo Candido, lui, est une armoire à glace à la voix veloutée. Un catholique pratiquant à l'humour dévastateur et à l'appétit d'ogre – surtout la pizza au *salame piccante*. Des yeux bleu marine qui rigolent au milieu d'une tête ronde où barbe et cheveux se rejoignent autour de joues rebondies. Il a rencontré Francesco à la fin d'un concert où il interprétait du Pasternak et du Nietzsche devant une poignée de mélomanes intrigués. Professeur de solfège au conservatoire de Foggia, il dirige quelques orchestres locaux. Francesco l'a convaincu de chanter. Il est devenu copiste, photographe, transcripteur, un peu archéologue aussi. Mais pour devenir Jones, il ne suffit pas de se tartiner les épis de gomina et de piquer une fleur à sa boutonnière. Dans ces chansons de cabaret, le phrasé est rapide, l'intonation charmeuse. Paolo a beau avoir une voix de caméléon, la prononciation néerlandaise lui échappe. De quoi irriter Angelo, plus doué pour les langues gutturales.

La veille de l'enregistrement, à 3 heures du matin, la lumière est encore allumée dans le salon de Paolo. À mi-voix, texte en main, le duo des Pouilles repasse les tubes de Westerbork. Il ne reste que quelques heures pour souder une complicité, se laisser aller aux improvisations, mettre de côté les rigidités, se sentir Johnny and Jones, ne faire qu'un.

Le lendemain, le jeudi 8 mai 2008, jour de la prise de pouvoir officielle de Silvio Berlusconi, une équipe de la télévision russe a délaissé les palais romains pour venir filmer ces drôles d'Italiens au conservatoire de Foggia. Raison de plus pour chanter juste dès la première prise, quand la caméra tourne. Paolo tend ses muscles du cou, bloque ses mâchoires, pour estomper son côté latin et devenir soudain plus nordique. La conversation nocturne a détendu Angelo. Le petit prêtre sans soutane se laisse aller, rebondit sur les phrases de son complice comme s'ils avaient fait leurs preuves au grand magasin De Bijenkorf et écumé les dancings du font de mer.

Trois jours plus tard, Francesco reçoit les maquettes de la performance. Une fois dans son bureau, il appuie sur *play* : « *Dames en heren, ladies and gentlemen*... »

Angelo-Johnny et Paolo-Jones se présentent. La sérénade de Westerbork n'a plus pour horizon la lande dévastée des Pays-Bas, mais les faubourgs de Barletta. L'atmosphère est la bonne, les blagues de Paolo font mouche entre les prises. Aucun doute : l'esprit frondeur des petits gars d'Amsterdam a survécu.

Barletta, 12 juillet 2011

Francesco disparaît à moitié dans les replis du canapé du salon, le buste ployé, les mains tendues, sa grosse tête, si expressive, qui dodeline vers l'avant. Sur les mots les plus durs, sa langue tape contre les lèvres, il attaque les doubles consonnes à la manière d'un boxeur lançant un jab. Quand il évoque son parcours, le pianiste des Pouilles fait tournoyer ses pognes de maçon. Ses pouces semblent détachés du reste de la paume, et s'écartent telle la pince d'un crabe des cocotiers. Si le propos est important, il saisit dans sa tenaille la table basse du salon.

Le carrelage est décidément plus frais quand on l'arpente en chaussettes. Il se redresse, bouge un ventilateur d'une pièce à l'autre comme s'il tirait une perfusion sur roulettes. Les pieds traînants, il rejoint son bureau, écarte une boîte de plastique bleu (dernier voyage à Berlin, « À classer »), puis étend un drap sur sa chaise afin d'éponger la transpiration qui le collera bientôt au dossier. Il brasse des piles de papiers, fait tomber un bâtonnet de colle, s'énerve, montre les dents. Des protège-documents glissent sous une étagère. Un soupir, et il se rassoit enfin.

Toutes ces œuvres, et tant d'autres encore, sont conservées dans cette pièce en bazar. Ce bureau-étuve est la plus grande bibliothèque mondiale de la musique écrite dans les camps de concentration. Ce type en nage, qui se gratte les yeux compulsivement, a retrouvé, étudié, déchiffré plus de quatre mille partitions. Elles débordent du piano. Elles saturent les disques durs. Elles lui labourent le cerveau en continu. Au début, il comptait : mille, deux mille, deux mille cent soixante-dix morceaux récupérés, recopiés. Puis il a arrêté. Il en a au moins le double, c'est sûr, mais l'essentiel est de les enregistrer, de les faire jouer, pas de les dénombrer. En réalité, pour lui, ça va même dans l'autre sens, c'est un compte à rebours : plus de trois mille documents sont en attente d'analyse. Une tâche surhumaine. Et ce facteur qui continue de déverser dans sa boîte aux lettres des flots de matériel... Des timbres colorés d'Israël, des envois d'Amérique, des missives postées dans des villes, des villages dont il n'a jamais entendu parler. Des inconnus qui ont besoin de lui autant qu'il a besoin d'eux. Les courriers arrivent à son nom, mais aussi à celui de l'Istituto Musica Concentrazionaria, un organisme dont la réalité physique se limite à ce bureau, et à deux personnes. Un directeur : Francesco. Et une présidente : Grazia.

La musique qui le fascine n'est pas celle de l'homme libre, assis à son piano, mais celle du prisonnier, composée le plus souvent en situation extrême, sur des supports de fortune, en cachette, la peur au ventre. Chaque feuillet est un acte de résistance, chaque portée un défi. « Faire de la musique, même en sifflant sous la douche, est la première forme de spontanéité, assure Francesco. Les nazis n'ont pas réussi la mortification culturelle. »

Quand il se lance sur la piste de ces œuvres, il essaie d'abord d'en savoir plus sur la « population » de tel ou tel lieu de détention. Il y avait des soldats britanniques à Changi (Singapour) ? Il réveillera leurs blues grinçants. Des prêtres à Dachau ? Il retrouvera leurs messes. Le camp français de Gurs mélangeait Juifs et rebelles espagnols ? Il dénichera des chants basques.

Bien sûr, d'un endroit à l'autre, la situation variait. Parfois, du papier à musique et des instruments circulaient. Ailleurs, la mort rôdait au plus près, imposant la clandestinité totale... Amateurs ou professionnels, les détenus fraternisaient quelquefois en chansons, dans la langue des uns et des autres. Même les Italiens s'initièrent, ici ou là, aux expressions polonaises. À Dachau, l'Autrichien Herbert Zipper fit apprendre une strophe à chacun de ses codétenus.

À Rawa-Ruska (Ukraine), le Français Robert Lannoy, diplômé du conservatoire de Paris, osa un hymne antiallemand intitulé *Dans l'cul.*

Francesco cite ces exemples et s'accroche au rebord de son clavier. Rapprochant ses pouces, il figure un carré : « Le camp te prend la liberté mais, paradoxalement, tu es libre d'être juif. Ce n'est plus une limite, ça devient une ressource. C'est comme les murs de la prison : si tu cours de l'un à l'autre sans t'arrêter, tu fais un marathon. »

Il se redresse d'un coup, pour aligner sur le piano d'étonnants cartons d'invitation, avec des minimusiciens dessinés et les horaires du « show ». La preuve, sur papier jauni, que certains camps pour officiers et pour soldats autorisaient les spectacles. Les détenus organisaient le casting, confectionnaient des livrets illustrés. Les soirées s'intitulaient Jazz baboin, Bichon, Gala, Hot and Swing. Les artistes créaient des passerelles entre musique et théâtre pour mobiliser le plus grand nombre sur un même projet. Placés sous le régime de la convention de Genève (1929), ces prisonniers-là ne pouvaient être contraints au travail forcé et avaient des possibilités de communication avec l'extérieur. Des centaines de partitions sont ainsi parvenues, pliées dans le courrier, jusqu'à leurs familles.

Lotoro avale un verre d'eau glacée. Il se ravitaille comme un coureur de fond quand sa gorge s'assèche et que la chaleur brouille sa vue. Les mains levées, il reprend : « Les gens imaginent qu'il n'y a que de la douleur et du drame dans ces airs de musique. Mais la réalité de la détention apparaît souvent en filigrane, ou bien moquée. La plupart des auteurs, au contraire, écrivent en se détachant de leur géographie, de leur enfermement. C'est ça, la grande force du musicien. »

Ses sourcils passent de l'accent aigu au circonflexe. Il se fait juke-box vivant. Il susurre « bububu » en se souvenant des comptines de Ravensbrück, « doudidoudidou » en pensant au camp hollandais de Westerbork. Lorsque l'horreur déborde, l'humour, la satire, jettent leurs notes piquantes sur la portée. Francesco a retrouvé des morceaux où « Auschwitz » sonne presque comme un mot doux. L'air de la chanson polonaise *Madagaskar* (1938) devient *Heil, Sachsenhausen !* dans la bouche du rebelle polonais Alexander Kulisiewicz, en 1943. À la nuit tombée, dans la froideur des baraques, certaines femmes de Ravensbrück avaient, paraît-il, la force d'entonner *Tout va très bien, Madame la Marquise*.

Lotoro ramène sa bouche en losange. Ses yeux se plissent. On dirait un mandarin. À son tour, il chante : « Toutoutoutou Madame la Marquise... pompompompom... » La voix est juste, la tête s'agite. C'était un chœur de déportées, début 1944. C'est un ours italien en 2011.

« Je n'ai pas l'obsession du manuscrit, prévient-il. La musique doit vivre à l'air libre. Le papier n'est pas le point d'arrivée, mais une étape avant le concert et le plaisir de l'écoute. » Au total, il possède tout de même une dizaine de cartons de manuscrits originaux. Dans l'idéal, il faudrait les mettre à l'abri, sous verre, dans une pièce à l'humidité contrôlée. Dans l'idéal, aussi, c'est à New York ou à Berlin, et non à Barletta, que son institut devrait siéger. Là-bas, au moins, les partitions seraient cajolées par les experts, étudiées avec soin. Mais c'est bien ici, via dell'Industria, qu'elles survivent. Certaines d'entre elles ressemblent aux dessins d'étude des maîtres de la peinture : la ligne est clandestine, la portée zigzague. Quand il était interdit d'écrire, bien des compositeurs travaillaient de nuit, sous la couverture, ou dans les latrines, au mieux dans un coin d'infirmerie. Partant de ces esquisses, Lotoro reconstruit les œuvres, jusqu'à en casser ses mines de crayon dans l'excitation.

Voici que ses doigts tournicotent au-dessus des papiers du bureau. On le jurerait prêt à plonger, tête baissée, dans ses archives. Au hasard des piles, il empoigne un parchemin à la scansion parcellaire, l'œuvre d'un compositeur malade. On devine des traits rapides, saccadés ou peu précis, suivis de zones blanches, comme si tout allait de soi, pour guider une répétition des mouvements précédents. Cela ressemble à des oublis, ou à des soupirs, ou à une supplique : « Je n'ai pas la force de finir, fais-le pour moi. » Francesco le fera.

Hans Krása

Camp de Terezín, République tchèque, 1943

C'est une histoire de rien du tout. Une fable pour enfants.

C'est l'histoire d'Aninka et de Pepíček, deux gamins pragois qui cherchent trois sous pour acheter du lait à leur mère malade. Une idée leur vient : faire l'aumône au coin de la rue, près du joueur d'orgue de Barbarie, Brundibár[1]. Mais ce dernier les chasse. Aidés du chien, du chat et du moineau, puis rejoints par tous les enfants du quartier, ils chantent alors une berceuse qui attendrit les passants et fait pleuvoir les pièces dans leur besace. Mais le méchant Brundibár, ivre de rage, dérobe leur petit trésor. Solidaires comme jamais,

1. Le « bourdon », en tchèque.

les gosses et les animaux fondent sur lui, le rouent de coups, et finissent par le vaincre.

C'est une histoire de guerre et d'espoir.

Le compositeur pragois Hans Krása la met en musique courant 1938, dans le cadre d'un concours organisé par le ministère de l'Éducation et de la Culture tchèque. Le concours est annulé en raison de la guerre mais l'œuvre ne se perd pas pour autant. Le directeur de l'orphelinat juif de la rue Belgicka annonce, lors de son anniversaire, en juillet 1941, qu'il la fera monter sous forme de pièce, malgré l'interdiction des nazis. L'architecte František Zelenka, scénographe du Théâtre national, se met personnellement à la tâche, transformant la salle à manger de l'orphelinat en décor. Pour représenter le chien, le chat et le moineau, il suffira d'une palissade peinte, avec des trous pour y passer la tête.

Le théâtre et le chant étant interdits au sein de l'établissement, il faut redoubler de malice pour déjouer les inspections-surprises des commandants nazis. Krasa écrit donc une partition minimale, pour trois instruments – violon, piano, percussions.

Dans les mois suivants, alors que le poing allemand se referme sur Prague, la vie du groupe s'écoule au rythme des répétitions. Tous veulent être prêts pour la première, programmée à l'hiver 1942. Ni le compositeur Hans Krása ni le chef d'orchestre, Rafael Schächter, n'y assisteront. Tous deux sont arrêtés et internés au camp de Terezín. En juillet 1943, au lendemain d'une rafle géante, le personnel et les enfants y sont à leur tour conduits.

À moins de deux heures du centre de Prague, les larges remparts de cette forteresse renferment une cité-ghetto surpeuplée où les nazis ont entassé les artistes et les vieillards. Les plus grands génies des opéras de Prague, de Vienne et d'ailleurs y poursuivent le travail entamé avant, créant de nouveaux langages musicaux. Krása, le père de *Brundibár*, y rejoint toute une microsociété de compositeurs captifs. Chapeautés par l'Administration des loisirs, ils se succèdent devant le piano sans pied du bâtiment Magdebourg. Trente minutes au maximum. Chacun son tour, et sous condition : si l'autorité nazie tolère la musique – soupape de détente pour contenir la violence –, la censure veille.

Rudolf Freudenfeld, fils du directeur de l'orphelinat et chef d'orchestre par intérim des représentations du *Brundibár* pragois, a réussi à empaqueter dans ses maigres bagages certains éléments pianistiques de l'opéra. À peine arrivé, il les transmet à Hans Krása, lequel reconstruit son œuvre en quelques jours. Pour s'adapter à la pénurie d'instruments et profiter des talents à sa disposition (Karel Frölich au violon, Gideon Klein au piano...), il n'hésite pas à modifier un peu sa partition initiale. Jamais opéra pour enfants n'aura droit à tant de virtuoses dans un même orchestre. Treize instruments au total accompagneront les chansons.

En cet été 1943, le casting de l'orphelinat est enrichi par des recrues de choix : des élèves de l'opéra de Prague joueront Aninka et Pepíček, les deux petits héros. Le rôle de Brundibár échoit à Honza Treichlinger, un orphelin de Plzeň qui a eu le culot de réclamer le rôle au chef d'orchestre Schächter quand il l'a croisé aux latrines.

Les répétitions ont lieu dans le grenier du bloc L 417, un bloc-garderie où les enfants sont répartis par âges, dans dix chambrées de plus de cent lits chacune. L'endroit est poussiéreux, il y fait si chaud qu'il faut parfois sortir dans la ruelle pour respirer. Sans compter que les gamins chahutent sans cesse. Rafael Schächter doit élever la voix pour se faire respecter. La compétition est rude, entre eux, pour s'extirper de la masse des anonymes du chœur et chanter au moins une fois en solo. Mais, très vite, tous ont le pressentiment que ce sera un beau spectacle, que tout ira bien, à la fin.

Un soir, l'architecte Zelenka débarque avec ses décors fraîchement peints, semblables à ceux de l'orphelinat. Il faut à présent chanter et bouger en même temps. Zelenka découvre à son tour l'indiscipline des enfants. Il les traite de « bande d'ivrognes », remotive les troupes, guette les erreurs dans le choix des artistes. Il n'est pas facile de virer en douceur les voix de parpaing, celles qui démarrent toujours un temps trop tôt ou les choristes à la mémoire défaillante.

La dernière semaine, une coupure d'électricité en pleine répétition nocturne excite tout le monde : les enfants hurlent, bondissent en tous sens. Puis, l'échéance approchant, les répétitions en costumes deviennent trop calmes, elles manquent d'énergie. Certains veulent y voir un mauvais présage.

La première a lieu le 23 septembre 1943 dans une petite salle du bâtiment Magdebourg. En dépit de quelques chahuts en coulisse au moment du maquillage, la troupe, saisie par le trac avant de monter sur scène, donne le meilleur d'elle-même. Le public, où se mêlent cadres nazis, gardiens et prisonniers, la salue d'une longue ovation. Honza, l'orphelin de Plzeň, devient une vedette réputée pour son interprétation de Brundibár, qu'il joue avec d'immenses moustaches noires collées sous le nez. À la fin du spectacle, quand les enfants psalmodient « Brundibár est vaincu », les détenus présents dans la salle ne voit plus les bacchantes du joueur d'orgue, mais un autre visage moustachu, comme imprimé sur le sien : celui d'Adolf Hitler.

La musique est si mélodieuse, les paroles si accessibles que ce spectacle s'impose bientôt comme l'attraction majeure du camp. Y assister relève du privilège : l'entrée est gratuite, mais sur invitation ; ce qui oblige les uns et les autres à user de subtiles stratégies pour obtenir le précieux ticket.

En neuf mois, l'opéra est représenté cinquante-cinq fois, avec un casting assez stable. Les protagonistes ne changent pas, mais le chœur, lui, est renouvelé au rythme des convois réguliers pour Auschwitz.

Pareil triomphe ne peut échapper aux nazis. Des enfants qui chantent si bien, avec de si jolis costumes, c'est une belle occasion de soigner l'image de la forteresse. Au printemps 1944, quand la venue du comité international de la Croix-Rouge est annoncée, ils entament le maquillage du camp surpeuplé en cité modèle. Après avoir vidé les baraques en transférant vers Auschwitz un bon nombre de détenus, le chef de Terezín, le commandant Karl Rahm, fait tondre les pelouses, repeindre les façades, singer une vie paisible. Mieux : il décide d'organiser une représentation exceptionnelle de *Brundibár* dans le vaste gymnase Sokolovna, situé juste à l'extérieur des remparts. L'endroit est équipé d'une scène moderne, d'une fosse pour l'orchestre, de loges à l'intention des invités. Le commandant ordonne à l'architecte Zelenka de construire de nouveaux décors, plus joyeux, plus colorés.

Le 23 juin 1944, les émissaires de la Croix-Rouge visitent Terezín comme un zoo moderne. Ils déambulent en voiturette le long des rues nettes, passant en revue les baraquements ripolinés à la hâte. Les fausses devantures de magasins font leur effet.

La peinture est encore fraîche, les faces à peine débarbouillées, mais l'illusion fonctionne. La cinquante-cinquième représentation sera un succès, elle aussi. De quoi ravir tout le monde : les enfants, le public, la Croix-Rouge, les nazis.

Après le passage de la délégation internationale, qui consigne dans son rapport avoir été satisfaite de la visite, le commandant Rahm envoie la troupe de *Brundibár* vers l'extermination. Le compositeur Hans Krása, matricule 940 du transport vers Auschwitz, périra dans une chambre à gaz le 17 octobre 1944.

Les partitions, cachées dans le camp jusqu'à sa libération, reposent aujourd'hui, sous la cotation numéro 7156, dans les archives du mémorial de la cité-ghetto. L'opéra pour enfants est devenu après la guerre l'une des rares œuvres de la Shoah jouée de par le monde. Dans les années 1960, diverses versions remastérisées ont été enregistrées, dans plusieurs langues. À Prague, c'est Blanka Cervinkova, avec sa maison de disques Tempo Praha, qui a publié les partitions.

Fin 1996, Francesco Lotoro décide d'en faire une version en italien, proche de l'esprit théâtral de l'originale de 1938. Pendant un an, il constitue un orchestre issu des conservatoires de Foggia, Barletta et Monopoli. À raison d'un rendez-vous par mois, les musiciens assimilent la partition et terminent les répétitions avec des écoliers de Trinitapoli, une bourgade coincée entre Barletta et Foggia. Cachet des musiciens : trois cent mille lires par personne (cent cinquante euros) payées de la poche de Lotoro.

La première a lieu dans la salle de gymnastique du collège Giuseppe-Garibaldi de Trinitapoli. D'ordinaire, les spectacles donnés ici sont les kermesses de fin d'année ou le goûter de Noël. Ce 9 mai 1997, devant les parents d'élèves, quelques militaires en permission et le commandant des carabiniers, l'école accueille une version inédite, en langue italienne, du *Brundibár* pragois.

Francesco a confié les décors à un ami architecte d'intérieur. Celui-ci s'est inspiré du travail de Zelenka pour recréer une scène en noir et blanc, avec les toits de Prague et le bout de rue investi par le cruel joueur d'orgue. Côté costumes, les enfants s'arrangent avec les fripes des grands-parents. Paolo, lui, endosse le rôle de Brundibár. Il porte le pantalon du grand-père de Francesco, des chaussures ultra-dures de son frère, des bretelles usées et un vieil imperméable. D'habitude, il entretient une barbe courte. Là, il a laissé pousser les poils en frondaison, devenant ainsi immanquable dans les rues du centre-ville. « *Ciao*, Brundibár ! » lui lancera-t-on bientôt.

Afin de rendre le personnage plus crédible, Francesco demande à son ami de boiter. Au fil des répétitions, le grand Paolo boite tantôt à droite, tantôt à gauche. Alors, Grazia applique sur son genou droit une bande de strap serrée très fort pour qu'il ne se trompe pas lors du spectacle. Heureusement pour lui, le rôle est assez facile à chanter. Dans la scène finale, quand le méchant Brundibár est capturé, les gamins, pris au jeu, le frappent pour de vrai, et Paolo finit le corps couvert de bleus.

Après la bagarre générale, les trente enfants, immobiles, regard tendu vers le fond de la salle, chantent l'*Hatikva*, l'hymne d'Israël, et plusieurs ne peuvent se retenir de pleurer.

Brundibár tourne ensuite à Margherita di Savoia, au théâtre Curci de Barletta, à Bari, puis dans les Marches et en Basilicate, provinces voisines des Pouilles. La plupart du temps, Francesco Lotoro n'a d'autre alternative que de programmer le spectacle à la date du 27 janvier, Journée internationale de la mémoire de l'Holocauste [1], et unique créneau disponible face à la concurrence des valses viennoises, traviatas et autres tarentelles des Pouilles.

Après une quinzaine de représentations, le projet obtient une bourse de la région intitulée Paix entre les peuples, ce qui va lui permettre de s'exporter en

1. Le Conseil de l'Europe en 2002, puis les Nations unies en 2005, ont instauré le 27 janvier Journée de la mémoire de l'Holocauste et de la prévention des crimes contre l'humanité, choisissant comme jour de référence la date de libération par les Alliés du camp d'Auschwitz (27 janvier 1945).

Albanie pour un spectacle exceptionnel, le 27 janvier 2005. Plus qu'une expédition : une aventure.

Le décor de six mètres traverse la mer Adriatique dans le ventre d'un ferry. Il a fallu scier en deux l'arrière-plan en forme de petites maisons pragoises pour le faire entrer dans la fourgonnette, puis rassembler le tout avec des clous à l'arrivée à Tirana.

Quand Francesco, ses musiciens et les enfants du collège de Barletta se présentent devant l'hôtel indiqué par le consulat, ils découvrent un bloc de ciment lézardé, vestige d'un palais stalinien qui semble avoir été rouvert pour l'occasion. Les draps sont trempés, les murs verts de moisissure, la nourriture s'avère infecte. Une porte tombe sur le plus petit. Les enfants pleurent, ils réclament leurs mamans.

Le lendemain soir, c'est le branle-bas de combat. Des militaires patrouillent autour du Théâtre national. Un flot de ministres et d'ambassadeurs débarque des berlines noires. La salle affiche complet. En préambule, Francesco dirige l'interprétation de l'hymne albanais, assuré par l'orchestre national, aux archers chevronnés. Mais un spectacle de trente-cinq minutes, comme *Brundibár*, c'est beaucoup trop court pour satisfaire autant de personnalités. Alors, en guise d'introduction, son ami Paolo Candido lit des récits de déportés alternés avec des chants composés dans les camps. Il doit ensuite ôter au plus vite son costume *dolce vita* et se métamorphoser en Brundibár pour que le spectacle démarre vraiment. La salle s'impatiente. Un officiel pressé déboule dans les coulisses alors que l'Italien bataille avec sa braguette. Paolo se glissera dans son vieil imperméable juste à temps pour la première scène. L'ensemble, au final, sera un succès.

Francesco devra pourtant patienter dix mois avant de se faire payer pour ce spectacle réussi. En octobre 2005, le voici de retour en avion à Tirana. Le chauffeur du directeur du théâtre le conduit à la succursale locale de la Banca di Roma. Au guichet, le pianiste italien remplit des sacs de billets : trois pour lui, un pour l'administrateur de Foggia. Douze mille euros qu'il rapportera, la sueur au front, jusque dans les Pouilles.

L'Albanie sera l'avant-dernier *Brundibár*.

La dernière a lieu au théâtre Curci de Barletta, à l'automne 2005. Franscesco a payé cinq mille euros de sa poche pour louer la salle et fait une collecte dans les écoles afin de rémunérer les musiciens. Deux concerts d'affilée, à 9 h 30 et 11 heures, pour les scolaires, dans une ambiance de kermesse où personne ne comprend l'œuvre présentée. Francesco, lui, se sent usé, incompris, exténué d'avoir à lutter contre le temps et l'oubli. Cette fois, le rideau est bien tombé : c'en est fini, de *Brundibár*.

Grazia l'aide à apporter les décors dans le garage du propriétaire de l'usine de cônes glacés, qui sert aussi d'entrepôt de stockage. Le paysage des toits de Prague va y pourrir pendant près de cinq ans, avant d'être jeté, en vrac, à la décharge municipale.

Trani, 14 juillet 2011

Le rendez-vous est donné dans le centre de Trani, à l'angle des rues La Giudea et Sinagoga.

Le cœur historique de cette ville voisine de Barletta est un dédale de ruelles aux façades blanches et fleuries. À l'heure de la sieste, le quartier respire au ralenti, comme assoupi devant les talk-shows télévisés. Même les bars baissent le rideau.

Une paisible placette marque l'adresse mentionnée par Francesco. Des palmiers y poussent en massif. Quelques pots d'hibiscus délimitent la chaussée pavée. Un vieillard en chemise à bretelles somnole sur son banc. Devant lui, se dresse une sorte d'église en pierres calcaires, percée de fenêtres médiévales, chapeautée d'un clocher, lui-même surmonté d'une étoile de David : Scolanova, l'une des plus anciennes synagogues d'Europe.

Fondée en 1243, elle a été récupérée en 1380 par les catholiques pour en faire une église, Santa Maria in Scolanova. Les trois cents Juifs de la ville furent alors contraints de se convertir. Désertée à partir des années 1950, la vieille bâtisse a fini par redevenir synagogue en 2006. Un homme y est pour beaucoup : Lotoro, le pianiste de la via dell'Industria. Au fil des ans, il en a fait le point de ralliement de la communauté juive de la région, soit une quarantaine de familles réparties sur tout le talon de la « botte ». Pour trouver un autre lieu de culte, il faut se rendre à Naples, où siège le rabbin du Mezzogiorno, le très sage Shalom Bahbout.

Un trousseau de clefs à la main, une kippa sur le crâne, Francesco nous invite à gravir les marches. En ce début d'après-midi d'été, il est venu s'assurer que tout est en ordre pour le prochain rassemblement. Ici, il faut toujours s'attendre au pire : il y a quelques mois, des gamins ont souillé l'escalier avec des restes de pizza et des crottes de chien.

Le pianiste inspecte la modeste pièce, décorée des drapeaux israélien et italien. L'autel domine six rangées de banquettes en bois. Soudain, un visiteur à l'allure de boy-scout passe la tête dans l'embrasure de la porte. Lui aussi porte une kippa. C'est un touriste norvégien, perdu dans le labyrinthe de la vieille ville. Ses yeux s'embrument. « Je crois être face à un mirage », susurre-t-il en avançant vers Francesco. Des larmes se mêlent à la sueur.

« Jamais je n'aurais imaginé une synagogue ici. Jusqu'au moment où j'ai aperçu cette étoile de David. »

Le voyageur s'enquiert de l'ampleur de la communauté locale. Francesco écarte ses gros doigts et fait signe qu'ils sont peu, mais persévérants. Le touriste saisit une main du pianiste et, serrant fort, lui dit simplement : « Merci. » Merci de l'avoir accueilli sans façon. Merci, sans connaître son travail musical, ni le parcours solitaire qui l'a amené à se découvrir juif.

Officiellement, les parents de Francesco sont catholiques, comme tout le monde, ou presque, à Barletta. Mais c'est une apparence, un masque commode, que leur fils a soulevé à l'adolescence. Un jour, son grand-père (également prénommé Francesco) lui a raconté que son propre grand-père (un autre Francesco, bien sûr) faisait le « pain blanc » pour le samedi. En réalité, les Lotoro sont donc chrétiens « au-dehors » mais juifs « au-dedans » ; ce sont des marranes, des Juifs d'Espagne arrivés ici au XVIe siècle. Dans les registres municipaux, Francesco a identifié ses ancêtres, les Dello Toro, débarqués à Trani, en provenance du « pays des taureaux », vers 1580.

Quand il prend conscience de ses racines, l'adolescent se met en tête de recoudre le fil de cette âme juive, de ressusciter le *marrano* qui sommeille en lui. Au début, il tâtonne, il se cherche, tente un premier voyage à la synagogue de Rome, puis déboule dans une église évangélique avec une kippa sur la tête. Ses demandes de conversion, pas toujours bien argumentées, demeurent vaines. Et puis, un samedi du printemps 2002, le rabbin napolitain Shalom Bahbout le reçoit à Rome. Il a eu vent de sa démarche historique, et de sa volonté de redevenir juif : « Tu es le jeune qui cherchait la musique des camps à l'école hébraïque ? » demande-t-il. C'est bien lui, Francesco Lotoro, et pareille obstination mérite attention.

Après deux ans d'études hébraïques, des allers-retours hebdomadaires dans la capitale, il est circoncis le 17 juin 2004. « Tu as un devoir, Francesco : ramener à la vie les os secs », lui glisse le rabbin, de sa voix posée. Ressusciter la musique des camps, oui, mais aussi la communauté juive de la région, au sein de cette synagogue endormie. Telle sera la double mitsva de Francesco.

Dès le 15 juillet 2004, il réunit les Juifs des Pouilles à Trani, puis fait une demande officielle à la municipalité de restitution de la synagogue Scolanova. Pendant plus d'un an, il doit demander la clef aux services techniques de la mairie quand il désire y pénétrer.

Au mois d'octobre 2005, la ville décide finalement de céder Scolanova à la communauté juive des Pouilles, en présence du rabbin Bahbout, fier de son élève. C'est ici, désormais, que seront célébrés le shabbat et les grandes fêtes.

Dans le même temps, Francesco continue de « ramener à la vie les os secs ». La musique des camps, juive ou non, devient sa raison d'être. S'il renonce, tout cessera. « *Naassé venichma* », promet-il. « Nous ferons, et nous écouterons. » C'est ce qu'aurait lancé autrefois Moïse au peuple d'Israël. Faisant sienne cette promesse éternelle, Francesco va récolter des montagnes d'archives, lire à s'en rendre aveugle, jouer à s'en user les doigts. Mais pour aller plus loin, il lui faudra un orchestre. L'expérience *Brundibár* sera le point de départ de cet autre défi. Le pianiste s'improvise recruteur, et repère, dans les conservatoires de Bari et de Foggia, des musiciens taillés pour l'aventure. D'emblée, l'orchestre Musica judaica est pensé comme itinérant. Barletta, Trinitapoli, Margherita di Savoia... Quelques concerts l'hiver, des dépliants, un peu de publicité, et l'affaire tournera, il en est convaincu. Le succès de *Brundibár* le confirme : il se sent de taille à former, et à tenir, un groupe de musiciens. Même en présence d'enfants, avec lesquels il n'est pourtant guère à l'aise.

Le noyau initial, constitué des « pionniers » de *Brundibár*, ne dure qu'un temps. Il se fracture aux premiers soucis financiers. Il est vrai que les cachets sont maigres, et du genre tardifs : cent euros par-ci, deux cents par-là. Parfois, un violoniste rend le billet à Francesco : « Garde-le, Frangè, fais-toi une pizza à ma santé ! »

Les fidèles – il en reste – ne viennent pas pour l'argent, plutôt par amitié, et pour voir où mène ce singulier voyage. Aux avant-postes : Paolo, Angelo, et Nicola Ferri, le trompettiste de Basilicate. Tous s'habillent en noir. Pas pour le deuil : pour le style. À leur répertoire : du jazz, du classique, des swings, du cabaret, des chansons d'amour, des symphonies dodécaphoniques, des paroles en allemand, en français, en tchèque, en polonais. Devant son clavier, Francesco ne se demande jamais s'il s'agit d'un chef-d'œuvre ou pas : à ses yeux, toute musique a droit de cité. « Ce serait comme si tu invitais à ta table des personnes illustres mais que tu laissais un enfant dehors », précise-t-il. Juif ou non juif, professionnel ou amateur, le monde peut donc s'asseoir au banquet des musiciens oubliés. La porte est grande ouverte, comme celle du 93, via dell'Industria les jours de la Pâque juive. Même si aucun voisin n'est jamais sorti pour partager le repas de fête des Lotoro.

En 2001, Francesco commence les enregistrements dans la formation la plus économique qui soit : seul au piano. Les sonates de Gideon Klein et de Viktor Ullmann, des classiques de Terezín, sont au programme des trois premiers disques, produits à moindres frais. La sonate que lui a donnée Eliška

Kleinová dans la librairie pragoise Divertimento y occupe une place de choix.

Reste à trouver une maison de disques. Qui pourrait vouloir d'un tel projet ? La musique des camps. Des opéras. Du jazz. Des symphonies et des chansonnettes. Et ce Francesco qui exige de tout contrôler, qui a son propre orchestre, qui croit en lui, et en Barletta. Un seul homme répond : Franco Bixio, un faiseur de hits, un producteur romain habitué à faire concourir ses crooners au festival de San Remo et à produire des musiques de film. Son père fut le roi de la chanson napolitaine d'avant-guerre, avec *Parlami d'amore Mariù* (« Parle-moi d'amour, Mario ») et, *Mamma, son tanto felice* (« Maman, je suis si heureux »).

Bixio reçoit Francesco aux studios Trafalgar, une cave romaine où sommeillent des guitares, des batteries, des orgues Hammond millésimés. Le Don Quichotte de Barletta expose son idée, ses obsessions. Le producteur, l'œil brillant, prend des notes. C'est un gentilhomme, un quinquagénaire pragmatique qui voit loin. Francesco ne le tutoiera jamais. Bixio, respectueux, lui donnera toujours du « maestro ». Contrat signé : la maison de disques de Bixio, Musikstrasse, produira cette folie.

Ce projet-là, le Romain le pressent, va changer sa vie. À condition de maîtriser Lotoro. De lui dire « On se calme » ou « Fais attention » quand il s'emballera. Le pianiste voudrait accumuler les disques par centaines, ne négliger aucun compositeur. Bixio limite ses ambitions à douze CD, puis à un coffret de vingt-quatre, et lui suggère aussi de rebaptiser l'orchestre. « Judaica », quand on présente un répertoire si varié, c'est trop restrictif. Francesco dépose donc l'appellation « Musica concentrationaria », et complète son équipe, jusqu'à compter une vingtaine de musiciens.

Pour le CD numéro 4 – le premier de la nouvelle ère –, il recrute un ingénieur du son, Leo Gallucci. Ce grand technicien de Ladispoli, une station balnéaire du Latium, rallie les Pouilles dans son énorme voiture, chargée de ses tables de mixage, d'ordinateurs, de micros et d'enceintes. Un chœur professionnel des environs de Rome, le consort vocale Diapente, dirigé par le rigoureux Lucio Ivaldi, prêtera ses voix aux compositions chorales.

De 2007 à 2010, Francesco Lotoro organise ainsi à Barletta le festival Musica judaica. À chaque fois, il profite d'avoir l'orchestre sous la main pour enregistrer le jour suivant le concert, conçu comme une sorte de répétition générale. Disque après disque, au gré des formations hivernales, des disponibilités et plus encore de l'épaisseur du livret postal de Francesco, la première encyclopédie de musique concentrationnaire, KZ Musik, va prendre forme.

Pour redonner vie à ces musiques, il faut connaître leurs compositeurs, capter l'émotion juste, deviner ce qu'ils ont voulu transmettre. En préambule, Francesco Lotoro commence donc par raconter ces destins tragiques, en évoquant le contexte, la vie au camp. C'est parfois si lourd, si complexe, que certains membres de l'orchestre songent à jeter l'éponge. Un soir, le très catholique Pasquale Rinaldi, flûtiste au doigté fabuleux, craque devant tous les autres. « Marre de faire de la musique de Juifs », lâche ce lefebvriste convaincu. Aussitôt, Lotoro intervient :

« Jozef Kropinski, tu te souviens ?

– Oui.

– Il était catho. »

Et Pasquale reprend sa flûte.

La technique musicale pose problème, elle aussi. « Frangè, tu es sûr que c'est comme ça ? » s'inquiète régulièrement un soliste en louchant sur sa partition surchargée. Les chansons tchèques et polonaises nécessitent des mois de travail juste pour bien positionner la langue. « Le polonais, c'est très difficile, même pour les Polonais », s'amuse Paolo. Et le groupe rigole fort quand la prononciation tchèque se mêle au dialecte des Pouilles pour des résultats obscènes.

La plupart des enregistrements se font à la chaîne, avec deux ou trois prises maximum par morceau. Un travail sous tension, loin du confort des studios de pros. Tous se souviennent ainsi d'une séance éprouvante, en 2007, pour le douzième disque. Trente morceaux en une journée

– record absolu. Dans le lot, un bijou : la musique de cirque du Hollandais Robert Heilbut, écrite à Bergen-Belsen.

Ce 17 juillet 2007, jour de l'enregistrement, ils ne sont pas à Barletta mais à Foggia, la ville la plus chaude d'Italie. Dans la salle, la température atteint 43 °C. Dehors, c'est la canicule, on en parle même à la télé.

À l'origine, la session était programmée à la mi-juin. Mais Francesco s'est rendu en mai en Israël, où il s'est procuré des inédits de Heilbut. Aussitôt, il a envoyé un e-mail au technicien et aux musiciens : « Stop. » Sous-entendu : « J'ai d'autres partitions, on arrête tout, on se verra plus tard. » Tous étaient disponibles le 14 juillet, mais plus le conservatoire, réservé pour la répétition de *La Fille du régiment*, de Donizetti. Francesco s'est donc rabattu sur la salle de la Rose des vents, habituellement réservée aux réunions d'associations. La rue voisine étant interdite au trafic le dimanche, aucun bruit ne devait venir perturber les artistes.

À l'intérieur, il est impensable d'activer l'air conditionné, sous peine de faire ronronner les machines. Dès 14 heures, certains musiciens sont pris d'hallucinations, le souffle manque pour les trombones. À 16 heures, des dizaines de bouteilles vides jonchent le sol, Francesco déboutonne sa chemise trempée, Nicola le trompettiste dévoile sa pilosité de grizzli. À la fin du dixième morceau, les autres commencent à retirer les tricots de peau. On se chambre sur les poignées d'amour, les marques de maillot, les corps trop blancs ou trop bronzés. À l'entame d'un trio pour clarinette, guitare et saxo, les pantalons tombent. Et le strip-tease se poursuit, en s'arrêtant tout de même au slip. Seul Pasquale, le très catholique flûtiste, gardera sa chemisette.

Il fallait rendre la salle à 18 heures. Ils ont fini à 23 heures. L'histoire a fait rire Foggia. « Les musiciens en costume d'Adam », a titré le journal local. Plus rien ne pourra désormais stopper le petit orchestre du maestro Lotoro.

Rudolf Karel

Prison de Pankrác, République tchèque, 1945

Une écharde, un morceau de charbon, du papier toilette. Rudolf Karel n'a rien d'autre pour tenter de transcrire, noir sur blanc, la musique qu'il porte en lui. Sur son lit de souffrance, à l'infirmerie de la prison de Pankrác, le compositeur tchèque se sert de la pointe de bois comme d'une plume, noircie au charbon. Note à note, en prenant soin de ne pas percer les feuilles, il donne vie à une œuvre clandestine commencée sept mois plus tôt.

En ce mois de janvier 1945, Karel a soixante-quatre ans mais il en paraît trente de plus. C'est un vieillard chauve et décharné, aux fines lunettes rondes. Son cœur n'a jamais été aussi faible, la dysenterie l'épuise, mais il utilise son plus précieux médicament – ce charbon destiné à calmer ses douleurs gastriques – pour compléter les ultimes portées de son opéra. Au moins, quand il compose, son esprit s'évade, quitte ce lit, ces couloirs lugubres, ces officiers nazis qui, depuis deux ans, le frappent et le traitent comme un chien. Allez, encore quelques mesures, une poignée de notes – il les connaît par cœur, il les a mûries toute la nuit – et il achèvera *Les Trois Cheveux du Grand-Père Savoir*[1], sur la feuille 161. L'histoire, inspirée d'un livre du poète Karel Jaromír Erben, évoque les aventures d'un fils de charbonnier auquel les fées ont prédit un destin de roi, mais qui doit surmonter de multiples embûches.

Karel a tout créé de tête, sans possibilité de se relire, ou de faire des brouillons. Une personne, une seule, partage son secret : le gardien Müller, un compatriote. C'est lui qui l'approvisionne en papier toilette, des feuilles spéciales, zébrées de portées. Chaque soir, le surveillant vient récupérer une nouvelle page de l'opéra, qu'il cachera ensuite chez lui. S'il se fait prendre, ce sera la mort. Peu importe : à ses yeux, Rudolf Karel le mérite. Cet homme n'est pas un prisonnier ordinaire, mais un héros, un aventurier dont le parcours, déjà légendaire, renvoie à quarante ans auparavant…

---

1. Cette traduction est celle de l'auteur puisque l'œuvre n'a jamais été jouée. On pourrait aussi la trouver traduite ainsi : *Les Cheveux d'or du Grand-Père Savoir* ou encore *Les Trois Cheveux d'or du Grand-Père Omniscient.*

Sur les clichés d'époque, il est reconnaissable à ses lunettes et à sa bouille ronde de bon élève. Rudolf est alors le dernier disciple du célèbre compositeur romantique Antonín Dvořák. À la mort de celui-ci, le 1er mai 1904, le jeune virtuose maîtrise toutes les techniques de l'époque. Jusqu'en 1914, il produira chaque année une œuvre d'un genre différent : opéra, symphonie, musique de chambre…

La Grande Guerre le rattrape alors qu'il passe ses vacances à Stavropol, en Russie. Soupçonné d'espionnage, il est emprisonné, mais parvient à s'échapper puis à rejoindre les légions tchécoslovaques, un mouvement qui lutte pour l'indépendance du pays en aidant les troupes de la Triple-Entente[1]. Au gré du conflit, ces « légionnaires » fortement armés sont ballottés à travers la Russie. Karel, fondateur de leur orchestre, se produit dans les villes où les mène le combat. Il les suivra ainsi jusqu'à Vladivostok, en Extrême-Orient, à bord de wagons blindés.

De retour dans son pays au début des années 1920, le compositeur n'a gardé dans ses

1. La Triple-Entente est l'alliance militaire de la France, du Royaume-Uni et de la Russie impériale, en opposition à la Triplice (Empire allemand, Empire austro-hongrois et royaume d'Italie). Les légions tchécoslovaques, nationalistes, menaient la guerre « de l'extérieur » pour entraîner l'implosion de l'Empire austro-hongrois, et faire émerger une nation tchécoslovaque indépendante. La première République tchécoslovaque fut ainsi proclamée le 28 octobre 1918.

bagages de baroudeur qu'une seule partition, écrite en Sibérie : une symphonie épique intitulée *Démon*. Nommé enseignant au conservatoire de Prague en 1923, il collectionne les distinctions et relance ses cycles de composition, évoluant bientôt du romantisme vers des créations plus modernes. Rudolf Karel est désormais un homme en pleine maturité, marié et père de deux enfants, qui construit de ses mains sa propre maison, une sorte de cube de béton ajouré, édifié sur la colline qui surplombe le quartier de Smíchov, sur la rive ouest de la Vltava. C'est aussi un artiste de gauche, antifasciste convaincu, qui s'oppose aux nazis par la musique, avec son Ouverture révolutionnaire (1941), puis en intégrant la Résistance. Dès 1941, il collecte et transmet des informations aux clandestins. Mais les Allemands finissent par découvrir que sa résidence forestière de Nový Jáchymov sert de planque aux résistants. Arrêté en mars 1943, le compositeur est interrogé une nuit entière au quartier général de la Gestapo, le palais Petschek, avant d'être transféré à Pankrác. Il y restera prisonnier près de deux ans, sans jamais trahir ses compagnons. Lui, le maestro si prompt à déchaîner les violons, tiendra le silence, même sous les coups, les supplices, les menaces.

À Pankrác, où près d'un millier de personnes sont exécutées durant son séjour, son codétenu de la cellule 127, l'étudiant Stanislav Falta, l'aide à composer le *Chant de la liberté*. Il écrit aussi des valses, quelques polkas, et le début des *Trois Cheveux du Grand-Père Savoir*. Son séjour à l'infirmerie pour cause de dysenterie ne l'empêche pas de continuer son travail. Jusqu'à ce jour d'hiver où il inscrit enfin la date au bas du feuillet final : « 16 janvier 1945 ».

Dès le lendemain, Rudolf Karel enchaîne avec un *Nonet* en sol mineur. Cela fait des années qu'il n'a plus entendu de musique, mais sa créativité résiste. Sous l'écharde noircie, il imagine cette fois un mélange de neuf instruments : flûte, hautbois, clarinette, basson, cor d'harmonie, violon, alto, violoncelle et contrebasse. D'une pâleur de spectre, à peine assez fort pour maîtriser l'écharde entre ses doigts, il crayonne une œuvre opulente et joyeuse, dont le fidèle gardien Müller récupère la dernière feuille le 5 février 1945.

Deux jours plus tard, Rudolf Karel est transféré par convoi vers la prison policière de la Gestapo, la petite forteresse de Terezín, l'endroit où les rebelles sont mis aux fers.

L'hiver y est très rude. Dans leurs cellules, les prisonniers grelottent. La plupart sont malades, ou en convalescence, comme lui. Les nazis s'en moquent, emportés par leur logique d'extermination. Le 5 mars, le lieutenant Stefan Rojko débarque et oblige les détenus à sortir un à un dans la cour sous un vague prétexte d'épouillage collectif. Karel, bien trop faible pour résister à pareil froid, mourra le lendemain, comme neuf autres de ses compagnons. À Pankrác, le gardien Müller, démasqué, est mis à son tour sous les verrous.

Quelques mois après la fin de la guerre, une jeune fille se rend à la maison familiale des Karel, sur la colline de la rive ouest de la Vltava. Dans ses mains, une sacoche, et dans cette sacoche, plusieurs liasses de papier hygiénique.

C'est Ivan, le fils du compositeur disparu, qui lui ouvre la porte. Elle se présente : « Je suis mademoiselle Müllerova, la fille du gardien Müller, je vous apporte les partitions de votre père. » Sur ces morceaux de papier, deux trésors : *Les Trois Cheveux du Grand-Père Savoir* et le *Nonet*.

Comme Ivan Karel n'est pas musicien, il soumet ces étranges partitions au dernier disciple de son père, Zbyněk Vostřák. Lui, au moins, devrait pouvoir déchiffrer ces feuilles, dans un état de décomposition avancée. Sous son impulsion, une interprétation du *Nonet* est jouée dès le 21 décembre 1945 à la radio nationale. Mais cette version, très librement adaptée du manuscrit, élude de nombreux passages et brode un peu trop autour d'autres. Les partitions originales sont ensuite confiées aux archives du musée de Terezín, où il sera impossible de les consulter sans l'accord du fils du compositeur.

Les années passent. L'histoire des œuvres sur papier toilette sombre un peu dans l'oubli. Jusqu'à la visite de Francesco.

En 1994, son amie Blanka Cervinkova, responsable du département musical de la bibliothèque municipale de Prague, lui permet de récupérer une copie scannée des soixante-trois morceaux de papier du *Nonet*. Si une personne au monde est capable d'en tirer quelque chose, c'est bien lui, Francesco. Malheureusement, les feuilles sont pour ainsi dire illisibles, comme si elles avaient été ballotées durant cinquante ans dans une bouteille à la mer. Les lignes ondulent, les points des notes semblent des taches d'encre baveuses. Francesco croit voir double. « Je n'y arriverai jamais », se dit-il, avant de poser le tout sur une étagère de son bureau.

Pendant dix ans, tandis que ses recherches virent à l'obsession, il laisse dormir ces documents. Le reste avance : Schulhoff, pourtant si complexe, le jazz de Westerbork, les chansons polonaises... Mais pas le *Nonet* de Karel, condamné au mystère.

Profitant de l'un de ses voyages à Prague, en 2006, Francesco Lotoro se rend tout de même chez le fils de Karel, Ivan. Il s'enquiert de l'original du *Nonet* ou de versions restaurées peut-être plus fidèles à celle écrite à Pankrác. Mais Ivan est sceptique : à l'entendre, il n'y aurait rien d'autre que l'original parcheminé, conservé à Terezín, et sa copie poussiéreuse sur son étagère, à Barletta.

Francesco cherche aussi à savoir s'il n'existe pas des œuvres dont nul n'aurait fait la transcription. Ivan Karel lui répond qu'il a bien récupéré une liste écrite de la main de son père, répertoriant les œuvres « nées » en captivité... Mais plusieurs d'entre elles ne pourront jamais être retrouvées : le pauvre homme était si malade qu'il avait dû utiliser ces partitions pour se nettoyer.

De retour en Italie, Lotoro déplace enfin la pile des feuilles illisibles du *Nonet* du haut de son étagère vers le pupitre du piano. Sans le dire à personne, il se fixe le défi de le recréer. Il en fait la promesse à Ivan : jouer la version originale, et lui remettre en main propre l'enregistrement.

Sa technique de déchiffrage s'est améliorée depuis les premiers temps de sa quête. À la manière d'un diamantaire devant une pierre d'exception, il pose maintenant les lunettes sur son front pour étudier, le nez contre le papier, les moindres indications du compositeur, et passer, note après note, les soixante-trois feuilles au scanner de ses yeux noirs, les mains sur le clavier. Au bout d'un an, à force de nuits blanches et d'heures supplémentaires sur le piano Petrof du conservatoire de Rodi Garganico, elles formeront un beau cahier de partitions. L'ensemble évoque un peu un télégraphe, avec la main gauche qui fait « tadam tadam », comme si Karel avait voulu communiquer avec son interprète dans un code en morse version clef de sol.

Dès le titre, on comprend que l'artiste perd ses esprits : il écrit en lettres de guingois « Nonnetto », avec deux « n » au lieu d'un. À la deuxième page, deux nouveaux instruments entrent en jeu : *corno*, *violino*. Plus loin, des indications sont jetées ici ou là afin de guider le « découvreur » inconnu. Jusqu'à la page 10, le cadre demeure assez clair, en dépit d'une calligraphie fatiguée. Les indications instrumentales sont précises, les phrasés musicaux sûrs, les dessins bien formés. Et puis, d'une portée à l'autre, tout se gâte, des croches s'égarent en route, le tracé fluctue, les points volent, les queues de notes partent en vrille. Karel écrit en toutes lettres « do », « ré », pour se faire bien comprendre. À la cent vingt-septième mesure du premier mouvement, il sait que son successeur l'a suivi. Qu'il saura désormais se repérer dans les raccourcis. Le télégraphe poursuit ses « tadam tadam ». À la fin du premier mouvement, le prisonnier inscrit la date en bas de la portée : « 1/II/1945 ».

Deuxième mouvement. Cette fois, Karel s'applique à tout écrire. C'est un nouveau chapitre musical. Mais déjà, page 22, reprennent les annotations sibyllines. Un « + » à vocation d'astérisque renvoie à un motif sonore développé précédemment. Cinq pages plus loin, un vide de nouveau. Karel économise son énergie. Proposant deux fins au choix, il mise sur l'intelligence de l'inconnu qui prendra la relève. Peu à peu, le brouillard se dissipe dans l'esprit de Francesco. Page 27, il est Karel.

En novembre 2009, à la veille de l'enregistrement du *Nonet* destiné au dix-septième disque de son encyclopédie, le pianiste ne peut pas s'entraîner une dernière fois, comme il en a l'habitude. Ce jour-là, on l'attend au conservatoire de Foggia pour y signer son contrat d'enseignant et accueillir ses étudiants.

Le jour J, le voici donc au théâtre de Barletta. Seul son ingénieur du son, Leo Gallucci, l'accompagne. Francesco échauffe trois minutes ses mains géantes et se lance dans le *Nonet*, qui mûrit en lui depuis près de dix ans. Dès la première mesure, les notes courent sous ses doigts. À 13 h 30, la session est terminée, sans un accroc. Il peut aller déjeuner en ville avec Leo, et savourer chaque bouchée de ses pâtes à la tomate. Cette fois encore, Karel était en lui. Le cerveau était prêt, les doigts ont suivi.

Mais la satisfaction ne dure qu'un temps. Francesco sait que, quelque part à Prague, sommeille l'autre grande œuvre du prisonnier tchèque, *Les Trois Cheveux du Grand-Père Savoir*. Sûrement plus ardue que le *Nonet*. Depuis Zbynek Vostrak, le disciple du maître, aucun musicien ne s'est jamais mesuré à la version originale, celle de l'infirmerie. À Francesco de la retrouver.

Barletta, 15 juillet 2011

Grazia travaille à la Poste, service des entreprises. Son bureau est un box de verre fumé à gauche de l'entrée. En face de la porte vitrée, un présentoir tournant propose des calendriers avec des photos de chatons. Sur le mur du fond, des téléphones portables, des sacs à dos Mickey, les derniers best-sellers. La Poste vend aussi des cafetières et des minifers à repasser. Ici, tout est jaune, comme les boîtes pour les envois en recommandé. Le grand hall, récemment modernisé, diffuse une lumière d'aéroport. Les clients, munis d'un ticket numéroté, traînent des pieds sur le lino lustré. Un bip strident retentit et la file s'ébranle.

Avant, Grazia était guichetière. Promue « consultante pour les entreprises », elle a désormais des objectifs précis : gonfler son portefeuille de clients, expédier leurs publicités, faire imprimer les prospectus, écouler une carte SIM par jour.

De retour via dell'Industria à 15 h 30, sa seconde journée de travail commence. Elle retrouve son vieil ordinateur et son tiroir à factures. Grazia fait la comptable pour Francesco. Réceptionne le courrier. Remplit des bordereaux. Prépare les demandes de subventions ou d'accès aux salles locales. Elle se charge aussi des courses, de la cuisson des *orecchiette* sauce tomate, de la vaisselle ensuite, puis du rangement. Et de la voiture, bien sûr. Car Francesco n'a pas le permis. Quand il a rendez-vous au conservatoire de Foggia, elle le conduit au train de 6 h 40. Les jours où elle travaille et qu'il a besoin d'aller en ville, il prend le bus, un minivan qui passe à heure fixe, derrière la caserne des pompiers.

Grazia a cinquante ans – trois de plus que Francesco –, mais paraît à peine la quarantaine. Discrète et menue, elle a l'air sérieuse, avec ses lunettes d'institutrice et ses cheveux noirs coupés au carré. Sa voix est douce, une voix de maman qui réconforte. Elle a le sourire tendre de celle qui sait qu'en dépit des difficultés, il est beau de pouvoir toujours s'émerveiller. Son père était maréchal dans l'armée. Après une enfance au village militaire de Foggia, elle s'est lancée dans des études de lettres modernes à l'université de Naples. Mais elle a tout arrêté pour se marier avec un jeune homme rencontré là-bas, Riccardo, et s'occuper de leur premier enfant, puis du second.

Francesco entre dans sa vie en 1995. Il habite alors à Margherita di Savoia et enseigne à temps partiel au conservatoire de Trinitapoli. Un soir, Grazia et son mari assistent à une conférence où il présente, en compagnie d'une rescapée d'Auschwitz, Elisa Springer, son disque *Shoah*. Peu à peu, ce pianiste atypique devient l'invité de la maison, fascinant aussi bien Grazia que son époux. D'une rencontre à l'autre, il chamboule le quotidien de la jeune femme, révèle sa part artistique, la fait douter de son mariage, et de ce rôle de mère au foyer qui ne lui va pas, elle qui adore la liberté, et compose des poèmes. Pour son anniversaire, Francesco les imprime et les lui offre sous forme de livre.

Grazia met quatre ans à se décider à quitter Riccardo. Elle perd dix kilos, aime le pianiste en cachette. Le plus dur est de le dire aux enfants. Au moment de la rupture, ils resteront avec leur père, à Margherita di Savoia. En 2001, enfin, elle se réfugie chez sa sœur, à Bari, puis emménage à Barletta, via San Ruggero, avec Francesco. Sa mère ne lui parle plus pendant six mois, elle déteste ce Juif bougon qui se croit capable de subvenir aux besoins d'une famille en restant le nez dans ses partitions.

Grazia elle-même réalise vite que Francesco n'apporte aucune sécurité économique à leur couple. Sa quête de la musique perdue l'occupe beaucoup, mais il ne joue que quelques concerts à droite à gauche. Il faut donc prendre une décision, imaginer une manière de gagner un minimum d'argent. Elle le quitte quinze jours pour qu'il se décide. Il se met à genou, en pleine rue, devant sa voiture, et l'implore avec tant d'insistance que Grazia renonce à le quitter. Elle veut le croire quand il lui promet de trouver des concerts et des remplacements au conservatoire.

Grazia, elle, devra gérer la maison de Barletta, et aussi celle de ses fils et de son ancien mari, à Margherita di Savoia. Chaque jour, en sortant de la Poste, elle déjeune avec Francesco, puis file en voiture, à quinze kilomètres de là, nettoyer la maison de son ex-mari et y faire la vaisselle. Cela dure six ans. Jusqu'à ce qu'il la remplace par une femme de ménage.

Sans son emploi à la Poste, elle n'aurait pas de quoi aider ses fils, faire vivre son couple et financer les enregistrements. Heureusement, Francesco a besoin de peu pour subsister. Avec lui, il n'est pas question de prendre des vacances, ni des rendez-vous médicaux chez des spécialistes. Dès qu'il y a un peu d'argent sur le compte, il est utilisé pour un voyage de recherche. Grazia s'en accommode : elle a tout quitté pour l'amour de son « génie », comme elle l'appelle. Pour lui, elle s'est même convertie au judaïsme. Une affaire rondement menée : « Moins de cinq secondes », se souvient Francesco. Il a suffi d'un coup de téléphone du rabbin de Naples. Francesco a posé le combiné sur son épaule et lui a demandé, d'une voix aimante mais pressée, si elle était prête à devenir juive. Elle a dit : « Oui. » Ensuite, ils ont partagé les allers-retours à Rome pour préparer leur conversion.

Grazia n'est pas musicienne. Jamais elle ne touche aux pianos. Mais elle peint les décors, reprise les costumes, dégote les accessoires, prépare le repas des troupes et veille à mille autres détails pour que son « génie » n'ait que la musique en tête. Pendant les spectacles, elle adore se cacher en coulisse, observer les musiciens lorsque le public fait silence et que brillent les lumières de la scène. Grazia aime les concerts bien organisés, les applaudissements et les *bis*, mais elle enrage contre l'indifférence de Barletta, quand on les prend pour des moins que rien ou des fous. Il y a bien un groupe de fidèles, toujours présents – des collègues postiers, des gens intéressés par le judaïsme, une poignée d'avocats, les parents de Francesco... – mais les spectacles ne bénéficient d'aucune publicité.

Bien d'autres femmes auraient dit « stop » depuis longtemps, crié « *basta* », elles seraient parties, laissant l'artiste à ses lubies. Pas Grazia. Quand son « génie » fulmine, elle le calme. C'est elle, aussi, qui a déniché la maison de la via dell'Industria, grâce à un client de la Poste. C'était en 2003, juste après Schulhoff et sa *Symphonie numéro 8*. Francesco n'en pouvait plus de leur rez-de-chaussée obscur du centre-ville, avec ses voisins piailleurs et ses gamins à ballons. Il fallait fuir au plus vite.

Grazia a effectué la première visite avec Concetta, sa belle-mère. Pas la peine d'amener Francesco : il trouvait tout « magnifique ». Le jour de leur installation, il flottait un parfum de cône de glace à peine sorti du four. Maintenant, c'est comme pour les chaussures, tout a changé : les sociétés ne fabriquent plus les cônes qu'elles vendent.

Le couple s'est tout de suite senti bien dans cet appartement de location, devenu à la fois le bureau, les archives, le QG de la quête. Ici, au moins, tout est très tranquille. La voisine leur a dit un jour qu'elle s'arrêtait pour écouter jouer Francesco. Le dimanche, c'est encore mieux : le quartier est d'un calme absolu, il n'y a pas de livraison, juste quelques semi-remorques échoués sur le bas-côté, avec, à l'intérieur, des chauffeurs slovaques ou roumains assoupis.

Un paragraphe du contrat de location stipulait qu'il fallait accepter les chiens. Au début, il n'y en avait qu'un seul, plutôt discret. Mais, à force de laisser des bols de croquettes dehors, une demi-douzaine d'affamés ont rappliqué. Zampetta la boiteuse, Piuma la noiraude… tous ont franchi le portail et pris leurs habitudes. Grazia ne s'en plaint pas : parfois, elle leur prépare la *pasta al pomodoro*. Le dimanche, au retour du déjeuner chez ses beaux-parents, ils ont droit à des os d'agneau et à des restes de saucisse.

Chez les Lotoro, on ne discute pas des mêmes sujets qu'ailleurs. Les histoires de famille, ça ennuie Francesco. Les futilités, il n'écoute pas. Seuls comptent l'encyclopédie, les voyages, les partitions. Absent de la vie pratique, il ne fait rien, ni les courses ni le bricolage, ne regarde jamais les factures, ne met pas les pieds dans la cuisine. À sa façon, c'est pourtant une machine de guerre, dotée d'une santé de fer. Même grippé, il tient son rythme : réveil aux aurores, piano jusqu'à midi, puis le courrier, l'ordinateur, et le piano encore.

Au déjeuner, son corps se détend pour absorber les *orecchiette* en pelletées géantes, ou entortiller les spaghettis pimentés pour racler l'assiette en quatre fois. Après le café, fort et pâteux comme un sirop, il file sur le canapé, couché à moitié, bras croisés, les lunettes au bout du nez. La télévision diffuse un vieux film comique pendant que Grazia attaque la vaisselle. Francesco s'abandonne au sommeil, en position de sarcophage, le torse secoué de ronflements.

Manger, digérer. Le voilà, son plaisir quotidien. Avec, tout de même, des pauses café-croissant au bar Castello, voire une soirée pizza chez Zio

Mimmo avec son pote Paolo. Grazia, elle, s'autorise de vrais moments de détente. Aux beaux jours, elle le laisse à la maison, prend une serviette de bain, son maillot, et file à la plage avec les copines. Soixante-douze heures à la mer, c'est le record de Francesco, en 2009. Il les a passées sous le parasol, en pantalon de costume et chemise déboutonnée, à engloutir une pile de livres.

Si Francesco dévore les romans historiques et les ouvrages sur les recherches scientifiques, cela ne l'empêche pas de cacher dans le buffet, sous le chandelier à sept branches, une collection des histoires de Mickey illustrées. D'autres héros de BD, le détective Dylan Dog, le cow-boy Tex Willer, trouvent aussi grâce à ses yeux.

Chez les Lotoro, on n'écoute pas la radio. Même dans la voiture : Francesco ne supporte pas. C'est pareil à la maison : pas besoin de disques puisqu'il joue tout le temps. Grazia n'en veut pas à son « génie ». Grâce à lui, elle fréquente des gens passionnants, des artistes. Avec lui, elle est allée à Prague et en Israël, elle a découvert Kropinski, Haas, Ullmann, et d'autres horizons que la musique classique : le jazz, le cabaret, le blues. Il sait tout jouer, Francesco : une valse de Tolstoï dont la partition lui a été envoyée par la bibliothèque Lénine de Moscou, ou encore *Por una cabeza*, de l'Argentin Carlos Gardel, un thème du film *Scent of a Woman*, avec Al Pacino. Il voudrait d'ailleurs en faire une transcription virtuose, tout au piano. Un projet en stand-by, tant que son instrument restera encombré de partitions des camps.

Francesco profite des chaînes du satellite pour regarder les films à n'importe quelle heure. Obsédé par les détails, il traque les incohérences, repère les moindres erreurs, les anachronismes, les mets qui n'existaient pas et qu'on fait manger aux héros dans les films d'époque. Comme dans *La Liste de Schindler*, qui l'obsède, où il y a cet officier polonais qui compte sur ses doigts à l'américaine... Il peut voir la même œuvre vingt fois sans se lasser : *Le Seigneur des anneaux*, *Les Ailes de la liberté*, *Les Évadés*, *La Ligne verte*... Souvent, l'Histoire le rattrape. Devant le film d'animation *Monstres & Cie*, il songe au camp de Sachsenhausen et à Berlin : « Rien que le nom du sushi shop où Bouh pose son sac : Harryhausen's... Et après, la porte qui tombe quand la fillette veut faire fuir les monstres, c'est comme le mémorial de Berlin. »

Cette quête bouffe sa vie, l'engloutit. Via dell'Industria, sa cave est pleine de costumes et d'éléments de décors. Dans sa chambre, au pied du lit, des cartons s'entassent, recouverts d'un drap blanc. Boccosi, Kropinski et d'autres sont en attente. Derrière l'armoire, un casier déborde de partitions à trier. Francesco a déjà dit à Grazia qu'il pourrait tout arrêter, les recherches, les enregistrements. C'était en 2010, la pire période côté finances. Il a hésité un temps, après douze disques, mais il a repris. Aujourd'hui, Grazia trouve qu'ils ne sont plus tout jeunes, qu'il faudrait songer à acheter une maison. Penser au futur, et un peu à eux. Mais elle-même n'imagine pas s'arrêter en chemin : « Jusqu'à sa mort, il va continuer. »

Père Gregor Schwake

Camp de Dachau, Allemagne, 1944

La chapelle est peu spacieuse, pas plus de neuf mètres sur vingt, mais c'est l'endroit le plus beau, le plus propre, le plus joyeux du camp de Dachau. Le sol est lavé et huilé tous les jours. Une table en bois, décorée chaque matin de fleurs fraîches, fait office d'autel. Il y a aussi une commode blanche, un pupitre, un harmonium, et une loupiote rouge qui luit au centre du tabernacle arrangé avec soin. Ici, les prêtres ne portent pas la soutane, juste des pièces d'uniforme dépareillées, des guenilles rapiécées. Tous arborent également, cousu sur la poitrine, le triangle rouge des déportés politiques, et, dans le dos, un gros « X » qui ferait d'eux des cibles faciles s'il leur prenait la folie de s'enfuir.

Dès la fin de l'année 1940, les responsables de ce camp de concentration ont commencé à regrouper les religieux dans le bloc 26. Allemands, Tchèques, Français, Grecs, Yougoslaves, ils ont vite été un millier, puis près de trois mille, en comptant les Polonais, transférés de Sachsenhausen, et parqués dans la baraque voisine, la 28. Arrêtés pour sermons antinazis, actes de résistance, refus de se soumettre au Reich ou simple affirmation de leur liberté de pensée, ils sont bénédictins, franciscains, pasteurs évangéliques, prélats orthodoxes... De 1940 à 1945, mille trente-quatre d'entre eux mourront dans le 26, surnommé le *pfarrerblock*, le « bloc des prêtres ».

La construction de la chapelle, fruit de négociations entre le Vatican et Berlin, a été officialisée par une note diplomatique du 23 novembre 1940. Les travaux, lancés début janvier 1941, ont été menés à bien par les prisonniers eux-mêmes. Ils l'ont édifiée de leurs mains, en travaillant nuit et jour, dans le prolongement des chambrées surpeuplées du 26, derrière les sanitaires. Depuis, c'est ici qu'ils célèbrent leurs messes. Certains s'y rendent aux aurores, quand le camp dort encore. À 5 h 20, leurs *Ave Maria* s'élèvent sur Dachau. À 6 heures, ils rejoignent les autres prisonniers pour une cérémonie d'un genre différent : l'appel. Les trente mille détenus sont alors réunis, en rang de dix, pour cette opération de comptage qui peut durer jusqu'à une heure trente. Tous regagnent ensuite leurs baraquements, laissant au sol les cadavres des morts de la nuit, bientôt récupérés par un *kommando* spécialisé. Plus tard, dans la journée, des chariots débordant de corps passeront devant le 26, sur le chemin du crématorium.

Le 2 janvier 1944, un nouveau détenu débarque à Dachau : Gregor Schwake, un bénédictin de cinquante-deux ans. Ce grand chauve au regard malicieux et à la voix de miel est un colosse – 1 m 92 sous la toise et une bedaine à déchirer la soutane. Deux officiers SS l'escortent, conscients que sa réputation s'étend déjà bien au-delà de l'abbaye de Gerleve, sur les hauteurs de Münster (nord-est de l'Allemagne), où il était chef organiste.

Le bloc des arrivées – le 15 – est un immense hangar où s'entasse une foule de prisonniers originaires de tout le continent. Les gardes bousculent Gregor Schwake pour qu'il donne ce qu'il a sur lui avant de se soumettre à la désinfection. « Me voilà totalement pauvre », pense-t-il au moment de revêtir un uniforme étriqué, des sabots et une casquette hors d'âge. Outre sa carte de détenu (numéro 60931), il reçoit une gamelle, une cuiller en bois, une serviette, et une plaque métallique en guise d'assiette. Un officier lui remet des triangles de tissu rouge à coudre sur sa chemise et son pantalon.

Dans le dortoir, les lits s'empilent sur trois niveaux. Chacun dispose d'une cale pour la tête et de deux couvertures. Gregor passe la nuit recroquevillé sur une couche trop courte pour sa longue carcasse. Au réveil, il découvre le rituel de l'appel, et celui de la visite médicale. Un officier lui ordonne ensuite de rédiger une sorte de curriculum vitæ retraçant son parcours politique. Comme il ne s'est jamais considéré comme un militant, il l'écrit noir sur blanc, mais les nazis n'en croient sans doute rien.

La nouvelle de sa présence à Dachau est déjà parvenue au 26. Plusieurs prêtres ont reconnu sa silhouette de gaillard. Dès le premier soir, Karl Schrammel, son ancien condisciple à Gerleve et désormais chef du chœur de la chapelle, lui a rendu visite. Tombant dans ses bras, il lui a glissé : « Nous sommes ravis que tu sois là. Cela réjouit la chorale et le chœur à quatre voix. »

Il est vrai qu'avec une telle « recrue », les chanteurs disposent d'un leader charismatique, né pour le chant et la musique. Dès l'enfance, dans la région de Münster, il présentait des spectacles à ses parents et à ses frères et sœurs. Par la suite, au collège comme au lycée, il a travaillé sa voix tout en jouant de divers instruments : guitare, piano, violoncelle, violon, orgue, trombone. À la même époque, son corps s'est développé de façon spectaculaire. À l'adolescence, il a pris vingt centimètres en quelques mois, devenant bientôt champion de vélo et de natation. Préférant finalement les ordres aux activités sportives, il est entré en religion avec enthousiasme. Après son noviciat, il a pu étudier la musicologie et l'histoire de l'art à l'université de

Münster et conclure ses études par une thèse sur Jacob Courtain, un fabriquant d'orgues du nord de l'Allemagne au XVIIIe siècle. À l'abbaye de Gerleve, chacun se souvient combien il aimait que tout le monde participe, que l'assemblée chante en chœur. Face à ce meneur d'hommes pédagogue et farceur, même les timides se lâchent, et cela suffit à son bonheur. Très vite, sa réputation a franchi les frontières et lui a valu de participer à des tournées en Suisse, en Autriche et en Yougoslavie.

La Gestapo a voulu briser ce parcours d'honnête homme le 6 octobre 1943 en l'arrêtant alors qu'il donnait un cours de musique à la cathédrale de Linz (Autriche). Un ancien sacristain, chargé par les nazis d'espionner les prêtres, l'aurait dénoncé. Pour les autorités, son interpellation avait valeur d'exemple : c'était une façon d'intimider le clergé catholique et ses membres engagés. L'ordre de mise en détention, daté du 18 décembre, ne laisse guère de doute à ce propos : « En tant qu'homme d'Église, il précipite de façon à la fois publique et dissimulée la population contre l'État et tente de miner la confiance du peuple dans le gouvernement et cherche à le faire voter contre le gouvernement. » Et c'est ainsi, après plusieurs semaines à la prison de Linz, que le père Gregor a été conduit à Dachau…

Dès le premier jour, il parvient à s'éclipser un moment du bloc des « nouveaux », pour rejoindre le 26, où l'attendent d'anciens « collègues » des diocèses de Münster et de Linz, assis autour d'une table. Un ami, le père Hessing, incarcéré depuis trois ans, lui offre du pain. Puis on le conduit à la chapelle, pour une brève prière. Dès son retour chez les « nouveaux », moins de vingt minutes après, il se lancera dans l'écriture de *Mélodie pour l'Épiphanie*, reprise dans la chapelle quelques jours plus tard.

Les semaines passent. Schwake, contraint de rester avec les nouveaux venus, peine à rassasier son appétit d'ogre. Mourir de faim devient sa pire angoisse. Limitant au maximum ses mouvements pour ne pas gaspiller son énergie, il attend avec anxiété les distributions de nourriture, et comprend vite qu'il devra se contenter de peu : des bouts de gras, parfois un morceau de saucisse ; un demi-pain à 17 heures et une soupe trois jours sur sept ; le jeudi soir, quatre ou cinq pommes de terre à partager ; le samedi, une cuillerée de marmelade à la place du gras. Les portions sont si réduites et les tensions si vives que les larcins se multiplient : vol de saucisses, d'ustensiles, et des rares paquets reçus de l'extérieur. Un semblant de vie sociale s'instaure tout de même dans ce hall de triage humain. On se regroupe par affinités linguistiques, on s'échange des petits services. Deux fois par semaine, le père Gregor se fait raser par des prisonniers russes, tchèques et polonais. Bientôt, il sait dire « merci » dans toutes les langues slaves.

De temps à autre, il lui arrive de filer vers le 26 pour de rapides incursions à la chapelle. Il y rencontre son ami Augustin Hessing, et le père Kanterich, qui lui conseille de concevoir cette épreuve comme un nouveau noviciat.

Le 26 janvier 1944, Schwake « déménage » enfin chez les prêtres, où les conditions de détention sont beaucoup plus souples. Il peut troquer sa timbale contre un vrai bol et sa cuiller en bois contre une de métal, récupérer des chaussettes rembourrées, et une carte de la bibliothèque, pour emprunter des livres sur l'art, les voyages, et des classiques. Les bibles et les bréviaires ne sont pas les seuls ouvrages à circuler en certains endroits de Dachau : quelques œuvres laïques passent discrètement de main en main, dont *La Chartreuse de Parme*, pourtant mise à l'index par Rome. Des paquets de la Croix-Rouge, garnis de charcuteries, de friandises et de missels viennent également améliorer un quotidien de souffrances. Celui de Gregor, comme les autres, est bien réglé. Dans la journée, il vient prier à la chapelle. Le soir, diverses activités sont organisées : lectures bibliques, répétitions du chœur, réunions des protestants... Le dimanche, s'enchaînent huit messes. Sans compter les cérémonies mortuaires.

Dans cette étonnante communauté, les différences de congrégation s'ajoutent aux antagonismes nationaux. Que l'on soit français ou allemand, on prie le même Dieu, mais chacun s'interroge, à sa façon, sur la liberté intérieure, le paradis, l'enfer, et suit l'évolution du conflit dans les coupures de journaux lues en cachette. En théorie, l'activité religieuse est tolérée en vertu des accords passés entre le Reich et le Vatican. En pratique, les emprisonnements arbitraires, les exécutions, les tortures et expériences médicales et psychologiques n'épargnent personne.

Une fois qu'il a pris ses marques, le père Gregor a comme principale préoccupation de dégoter un stylo et des feuilles. Il veut écrire le plus possible, composer des cantiques. C'est encore le meilleur moyen, à ses yeux, de franchir ces maudits barbelés. Ses amis l'ont bien compris et lui laissent volontiers la banquette de l'harmonium. Quand ses doigts caressent ainsi le clavier, il songe à son orgue de Gerleve, et rêve de celui, bien plus sophistiqué, de la basilique Sant'Anselmo de Rome. À peine nommé à la tête du chœur, il se voit commander une composition d'envergure, *Tu es sacerdos*, interprétée pour la première fois le 24 mai 1944.

La chapelle est trop exiguë pour accueillir tous les détenus du 26. Chaque dimanche, il faut refuser du monde, et demander à des religieux de jouer les « videurs » devant la porte. Heureusement, quand le célébrant parle assez fort, on peut l'entendre depuis le hall mitoyen, derrière les sanitaires. Heureusement aussi, des arrangements sont toujours possibles… Même si l'entrée est en théorie interdite aux laïcs, certains parviennent à assister à la messe dominicale grâce à un mot de passe en latin. Quant aux communions illicites, organisées hors de la chapelle, elles ne manquent jamais d'hosties consacrées, cachées dans des boîtes à pastilles.

À l'été 1944, Schwake est affecté au département compost du jardin botanique, le long des barrières du camp. Un groupe de prisonniers y cultive des herbes médicinales. Franz Lippert, l'ingénieur responsable de ces installations, sait qu'il doit prendre soin de l'artiste. Il fait aménager un bureau, et apporter des livres sur les plantes. Schwake écrit notamment des poèmes sur le millepertuis, fleur jaune aux multiples vertus. Il en profite également pour dessiner les végétaux de la serre ou du lopin de terre. Quand son vieux complice Schrammel vient le voir, il lui lance : « N'oublie pas non plus de composer ! »

Non, il n'oublie pas, offrant bientôt à ses compagnons *Regina pacis*, interprétée le 11 août 1944 en prévision de la fête de Marie, et *In viam pacis* chantée le 14 septembre. Des compositions d'autant plus importantes que des évêques viennent d'être transférés à Dachau. Le premier, Mgr Piguet, de Clermont-Ferrand, est arrivé le 6 septembre. Le père Peter, seul « triangle rose » du bloc en raison de son homosexualité, a cousu à son intention une soutane violette avec des morceaux d'étoffe. Gregor Schwake, de son côté, a créé des hymnes à plusieurs voix destinés aux réunions d'évêques.

Quand s'annonce l'automne 1944, les prêtres lui réclament une « messe de Dachau ». De retour à son bureau du jardin, il prend donc la plume sur du papier à musique fourni par le fidèle Schrammel, et imagine une messe alternant les chants d'un chœur à quatre voix et les réponses entonnées par le reste des prêtres. Conscient que le petit harmonium ne suffira pas à soutenir pareille ambition, il ajoute les partitions de quatre instruments à vent.

Le 24 septembre, à l'occasion de la fête de la Miséricorde, la *Messe de Dachau* est entonnée avec tant d'ardeur que les murs du 26 en tremblent. Les quatre prêtres musiciens, de quatre nationalités différentes, auront droit à un supplément de nourriture.

Le 17 décembre suivant, a lieu la première ordination jamais effectuée dans le camp : Karl Leisner, diacre du diocèse de Münster, atteint de la tuberculose, est ordonné par Mgr Piguet en même temps que quelques séminaristes. Le matériel nécessaire à l'onction et l'accord officiel écrit de l'archevêque de Bavière ont été introduits dans le camp par le jardin botanique. Leisner, ému aux larmes, trouve la force de dire la messe du 26 décembre, avant de partir à l'infirmerie, où il mourra bientôt.

L'hiver est terrible. Au froid, à la faim, aux mauvais traitements, s'ajoute une épidémie de typhus foudroyante. Quatre blocs de quarantaine, entourés de barbelés, sont aménagés à la hâte en mouroir. Certains prêtres du 26 se portent volontaires pour s'y enfermer avec les malades et prendre soin d'eux, dans une ultime mission d'entraide.

Ce climat de mort et de sacrifice n'empêche pas la célébration de l'Épiphanie, où la *Messe de Dachau* est jouée de nouveau. Mais les malheurs s'enchaînent autour du père Gregor : son ami Karl Schrammel, convaincu d'espionnage, est envoyé à Buchenwald, dont il ne reviendra jamais ; d'autres religieux sont réquisitionnés pour pallier le manque d'infirmiers et semblent eux aussi condamnés à mourir. Le « convoi » des cadavres, qui continue de passer devant la chapelle, s'allonge de jour en jour. Un midi, le père Gregor dénombre plus de vingt-deux cercueils, contenant deux corps chacun. Malgré tout, il pressent que l'issue est proche en ce début d'année 1945, et que l'Histoire ne va pas tarder à s'accélérer. Dès les premiers jours de février, des avions alliés bombardent Munich, donnant au ciel la couleur du feu. Même en interne, la liberté s'annonce : en mars, un exemplaire de *Mein Kampf* sert de papier hygiénique dans les sanitaires du 26 ; le 27 février, huit prisonniers du bloc sont relâchés, et dix le lendemain, sans explication aucune. À la messe du 31 mars, Schwake relève que les prêtres chantent moins bien qu'à l'accoutumée. *Idem* pour Pâques : l'auditoire n'est pas concentré, il manque des chanteurs, libérés dans la semaine ; beaucoup de fidèles s'éclipsent en pleine messe, trop excités pour demeurer enfermés. La nuit suivante, les SS évacuent le 26 pour le fouiller de fond en comble, comme s'ils cherchaient des armes. Mais le lendemain, les libérations reprennent, et un autre indice positif alerte le père Gregor : le chef du jardin botanique autorise les détenus à rapporter quelques pommes de terre. Le 9 avril, les SS relâchent le prisonnier Rodach, signe qu'ils en sont à la lettre « R ». Schwake prépare son baluchon. Son nom sera appelé le 10 avril au matin.

À sa sortie, il est d'abord accueilli à la paroisse d'Ettenkirch, près du lac de Constance, puis à l'abbaye de Beuron (sud de la Bavière), avant de réintégrer enfin sa communauté d'origine, à Gerleve, en 1948. Jusqu'à sa mort, le 13 juin 1967, il ne quittera plus ses frères, ni son orgue.

D'expérience, Francesco Lotoro sait que la mémoire des partitions peine à s'évader d'elle-même des camps. Dans le cas du père Gregor, son retour à l'existence recluse de Gerleve n'a pas facilité la diffusion de la *Messe de Dachau*. Au rythme lent des témoignages, certains survivants ont d'abord évoqué la chapelle, puis les célébrations, les chants partagés, le typhus, et enfin, seulement, la *Messe de Dachau* qui réchauffait tant les cœurs. Une historienne allemande, Eleonore Philipp, spécialiste des œuvres religieuses écrites pendant la Shoah, a commencé à en reconstituer les mouvements dans les années 1990. Une version simplifiée a même été interprétée à Dachau, en 1997, lors de commémorations.

L'œuvre atteindra l'Italie de façon bien plus tortueuse, au printemps 2001, dans un *bed and breakfast* de Dolo, bourgade de Vénétie...

Cet après-midi-là, Francesco Lotoro vient voir Guido Fackler, un chercheur allemand spécialiste de la musique des camps. L'universitaire travaille alors sur un tout autre domaine : une thèse sur le système d'irrigation de la Vénétie. Entre eux, il ne sera pourtant pas question d'aqueducs ou de canaux. Fackler transmet à son correspondant italien une liasse de partitions du chanteur polonais Kulisiewicz, dont les comptines ironiques animaient les soirées de Sachsenhausen. Avant de le quitter, il lui glisse également un disque : la *Messe de Dachau*, que le père Gregor avait enregistrée à Gerleve après sa libération.

Francesco remercie Fackler, mais il se dit, au fond de lui, que cette messe ne l'intéresse par tant que ça. À l'époque, il demeure focalisé sur le camp tchèque de Terezín, la musique des Juifs qui s'accumule, et n'a pas encore échafaudé de plan global de recherche pour les morceaux des catholiques, des musulmans ou des témoins de Jéhovah. Autant dire que ce moine bénédictin devra attendre un peu...

Par acquit de conscience, l'Italien lance tout de même deux lignes : il sollicite Johannes Pickers, un dentiste d'Emmerich – la ville natale de Schwake – et fin connaisseur de la musique de l'enfant du pays, et l'historienne Eleonore Philipp. Leurs réponses vont dépasser ses espérances et précipiter son travail sur la *Messe de Dachau*. Johannes Pickers lui transmet une partie des partitions de Schwake, non exemptes de fautes, mais riches de promesses. Quant à la musicologue, elle lui envoie d'autres feuillets, et l'oriente vers le mémorial de Yad Vashem (Israël), pour une seconde source écrite.

Sous le contrôle pointilleux de son ami Angelo, latiniste émérite, Francesco reconstitue en quelques mois les partitions de la messe et de quatre autre morceaux. Fin 2009, il est prêt à jouer le tout, et en demande l'autorisation à la direction de l'abbaye de Gerleve. Celle-ci accepte aussitôt, en échange d'un simple CD de cette performance.

Reste à trouver une église digne d'accueillir pareil défi. De préférence une abbaye bénédictine, dotée d'un orgue puissant. Le pianiste de Barletta songe d'abord à celle de Noci (province de Bari), mais se ravise et s'adresse au directeur de la plus belle basilique bénédictine de Rome : Sant'Anselmo, sur la colline de l'Aventin. Un signe du destin : Schwake rêvait de cet endroit. Francesco, sans rien savoir de cette ambition secrète, va l'exaucer. Les bénédictins de Sant'Anselmo, qui ne connaissent pas cette histoire, sont ravis, et quelque peu intrigués, d'accueillir un tel concert.

Le 24 janvier 2010, un vendredi, l'orchestre de Francesco, rejoint par les trente-huit membres du consort vocale Diapente, investit la nef pour les répétitions. C'est Angelo qui chante, soutenu par le célèbre orgue local. Deux trompettes et deux trombones complètent l'ensemble. Le *volk* (« peuple ») répond à pleins poumons aux solistes. Le lendemain, l'orchestre donne un concert à valeur de « générale », de façon à financer l'enregistrement lui-même, programmé le lundi soir.

Les moines ont accepté de prêter leur lieu de culte à deux conditions : que les enregistrements s'interrompent pour la prière de 19 heures et qu'ils cessent avant minuit.

Le lundi, sachant leur temps compté, les musiciens se mettent donc au travail rapidement. Tout en suivant la partition, Francesco garde un œil sur la porte de la chapelle, afin d'éviter qu'un bénédictin ne vienne tout compromettre en faisant grincer les battants.

À 19 heures précises, tandis que le chœur s'active, le pianiste de Barletta aperçoit les ombres des capuches qui s'approchent de l'entrée. Sortant dans le couloir, il tente de contenir le flot en agitant les bras en silence. Mais une seconde colonne de capuches se présente, tête baissée, de l'autre côté. Cette fois, Francesco est dépassé ; ils arrivent de partout, et le cantique n'est pas terminé. Dans un geste de désespoir, il sort sa kippa, la met sur son crâne avant de lever les mains en criant, dans une imprécation étouffée : « Je suis un responsable religieux ! Je suis un responsable religieux ! » Un moine s'avance, et accorde un délai supplémentaire, le temps de finir *In viam pacis*. Puis les bénédictins prennent place devant l'autel et, à leur tour, donnent de la voix.

Après cette pause, les séances d'enregistrements reprennent. Et les pépins aussi : le pédalier de l'orgue double menace de rendre l'âme. En trente minutes, devant un organiste au bord des larmes, Leo Gallucci rafistole la pédale défaillante. Peut-être un ultime pied de nez du facétieux Schwake, qui voit son rêve accompli, cinquante-cinq ans après, par la joyeuse troupe d'un pianiste juif italien.

Barletta, 15 juillet 2011

À Barletta, la référence historique, c'est la *disfida* (le « défi »). Une vieille histoire…

En 1503, alors que Français et autochtones se disputent la région des Pouilles, les envahisseurs transalpins traitent les locaux de couards et de traîtres. L'affaire doit se régler lors d'un défi de chevaliers opposant treize Italiens à autant de Français. Les cavaliers sudistes, menés par le capitaine Fieramosca, s'imposent face à Jacques de la Guignes, Martellin de Lambris, Naute de la Fraise et leurs malheureux équipiers. De quoi gloser pendant des siècles.

La *disfida* a été instrumentalisée lors du Risorgimento puis à la période fasciste, avant d'être resservie aujourd'hui aux touristes égarés. Un bouclier médiéval ou un heaume au panache rouge lui servent de logos. Le visiteur les voit partout : sur les murs de la gare, sur un timbre collector, sur les tasses du bar Castello, et sur l'enseigne du plus chic *bed and breakfast* des environs. Elle a également inspiré un livre de Massimo d'Azeglio, trois films intitulés *Ettore Fieramosca* (1909, 1915, 1938) et un western spaghetti de 1976 avec Bud Spencer (né Carlo Pedersoli, à Naples).

Depuis Fieramosca à la mode Spencer, Barletta se cherche un héros. Mais ce ne sera jamais Francesco Lotoro. Sans trop savoir ce qu'il bidouille dans son blockhaus des faubourgs, la ville n'a que faire de ce pianiste solitaire. Elle se dit qu'il est bien sympathique mais un peu toqué, le fiston barbu de la Concetta. Autant le laisser à ses fouilles morbides. « Mon Dieu, de la musique écrite dans les camps... comme ça doit être assommant ! » Voilà ce qu'on lui dit, à Francesco.

Chaque année, il demande au théâtre Curci de l'inscrire au programme de la saison. Mais ce sont toujours les mêmes privilégiés qui sont retenus. Quand il a proposé de la musique de cabaret (Johnny and Jones) pour les soirs d'été, on lui a dit non. Des chants de Noël ? Nouvel échec. Plusieurs fois, il a donc dû payer pour se produire, quitte à louer des églises froides. Les organisateurs locaux ont pourtant les moyens : le concert du Nouvel An est une mégaproduction, avec orgie de valses et décors grand style. *Idem* pour les pièces, les récitals lyriques, le concours de piano. Francesco et son copain Paolo n'ont pas eu davantage de succès avec leur livre sur le compositeur Renato Virgilio [1], ancien pianiste du mythique Caruso et qui, ironie de l'Histoire, s'exila en Allemagne dans les années 1930 tant il se sentait peu reconnu à Barletta. L'entreprise ne leur a pas rapporté un sou. On lui rétorque toujours : « Vous, vous faites la musique des camps. » Sous entendu : « C'est bien triste et cela n'intéresse personne. »

La ville préfère s'abandonner aux plaisirs des soirées estivales. Quand le soleil décline derrière le *castello*, elle bruisse de cris, de rires et du ronron des Vespa. Sur le port, de vieux types à la peau tannée évident des poissons. D'autres, plus jeunes, effritent des blocs de glace pour conserver la prise du matin. On négocie des seaux de sardines luisantes, entassés à l'arrière des triporteurs. De grands Noirs fraîchement débarqués d'un autre monde bradent des babioles qu'ils remballent à l'approche du carabinier.

Le flot humain de la promenade du soir se déverse bientôt sur les pavés. Devant le château, des stands proposent de la barbe à papa, des ballons Bob l'éponge, des soucoupes volantes qui font bip-bip. Les glaces à la vanille coulent entre les doigts. Les messieurs portent le pantalon blanc, le polo

---

1. Francesco Lotoro et Paolo Candido, *Renato Virgilio, vita e opere di un musicista*, Barletta, Éditions Rotas, 2009.

moulant. Les dames volettent en robe à pois, et font tournoyer leurs lunettes de stars dans leurs mains manucurées. Une foule plus compacte se presse dans les venelles qui enserrent la cathédrale et vient se poster devant les portes du monument, mêlant ses hourras aux prières des vieilles. Santissima Madonna dello Sterpeto est annoncée, statue grise et pâle, portée par quatre gaillards sous pression. C'est un peu comme si toute la ville était aspirée par la procession. Seules deux silhouettes cheminent à contresens. La foule s'écarte à peine sur leur passage. Francesco et Grazia s'extirpent de la marée humaine. Barletta ne les digère pas, Barletta les recrache, Barletta les rejette loin de la fête, tout là-bas, vers la via dell'Industria.

Émile Goué

Oflag de Nienburg-sur-Weser,
Allemagne, 1940

Camp de prisonniers de guerre
Date : *le 5 juillet 1940*
(défense d'indiquer le nom du camp)

Je suis fait prisonnier de guerre en Allemagne. Je suis en bonne santé et je me porte bien.

Dans quelques jours je donnerai l'adresse définitive d'un camp où je pourrai recevoir du courrier.

Tout à vous

Nom et prénom : *Goué Émile*
Grade : *lieutenant*
Régiment : 22e *batterie de repérage* [1]

1. Les lettres dont des extraits sont reproduits dans ce chapitre ont toutes été expédiées par Émile Goué depuis l'oflag XB (camp réservé

Ce camp dont le lieutenant français Émile Goué n'a pas encore le droit de donner le nom est l'oflag de Nienburg-sur-Weser, dans le nord de l'Allemagne. Un terrain hostile – deux rangées de hauts barbelés, huit miradors pour horizon – où il passera cinq ans, bien loin du confort de son appartement parisien de l'avenue des Gobelins, où l'attendent sa femme Yvonne et leurs trois enfants.

Dans les jours suivant l'envoi de cette brève missive, d'autres détenus arrivent au camp. Des hommes aux regards vides, ivres de fatigue, des combattants défaits, venus s'échouer ici dans le ressac de la Blitzkrieg. Ils seront bientôt trois mille, rien que des officiers.

Cela fait déjà un an qu'Émile Goué, trente-sept ans, est embarqué dans ce qu'il croit encore n'être qu'une parenthèse guerrière, un mauvais passage dans sa vie d'intellectuel. Ce grand Castelroussin à la moustache de gentilhomme, ce contemplatif à l'imagination toujours en éveil, menait auparavant une double carrière, scolaire et musicale. Comme professeur de mathématiques et de chimie, il a

---

aux officiers) et reçues par son épouse Yvonne à leur domicile parisien. Elles ont été conservées par leur fils Bernard Goué, puis transmises au musicien Damien Top, auteur du remarquable livre, très documenté, *Émile Goué* (Bleu Nuit éditeur, 2012) et reprises ici avec leur aimable accord.

gravi les échelons jusqu'à l'excellence : Boulogne-sur-Mer, Agen, Bordeaux, puis le lycée Buffon, à Paris, et le prestigieux lycée Louis-le-Grand, où la rentrée était programmée le 1er octobre 1939. Comme compositeur, ce disciple d'Albert Roussel et de Charles Koechlin se distinguait par un style singulier, alliant classicisme français et incursions polytonales. Il commençait à être connu à Paris, à se produire dans des salles renommées.

Pour lui, la rentrée des classes 1939 n'a jamais eu lieu. Celle de la saison culturelle non plus. Le 25 août, il a été incorporé à l'armée française, dans l'unité de batterie de repérage par le son. Sa mission : détecter, au moyen d'un microphone, l'emplacement des unités de bombardement ennemies. Fort de ses connaissances en physique et de son oreille musicale, Émile a vite été promu capitaine, puis lieutenant. Posté avec ses hommes en Lorraine, il s'est retrouvé happé par un hiver interminable, à pister un ennemi invisible. Dès lors, il a passé l'essentiel de son temps devant le piano, dans une pièce attenante au mess des officiers, peaufinant ses compositions, testant ses trouvailles sur ses camarades. Il n'a cessé d'écrire à Yvonne, que ça ne durerait pas, qu'il avait hâte de rentrer à la maison, qu'il avait des tas de projets musicaux. Mais en juin 1940, la défense française a fini par sombrer en quelques heures. Capturé, Émile Goué est parvenu à s'évader avec deux camarades. Ils filaient à travers champs, en espérant se réfugier dès que possible en Suisse, quand ils ont été rattrapés dans les Vosges, à Gérardmer, le jour de la signature de l'armistice.

Voilà comment le professeur de chimie, le musicien devenu soldat, se retrouve, à l'été 1940, dans ce camp allemand, au nord de Hanovre. « Je suis en bonne santé et je me porte bien », précise-t-il sur le bout de carton, histoire de rassurer sa chère Yvé, comme il l'appelle. Pourtant, à l'oflag XB de Nienburg-sur-Weser, la survie est une lutte permanente. On se bat pour un quignon de pain, un mégot, un colis. Le manque de nourriture rend fou. La journée n'est qu'attente du prochain « repas », aussi restreint soit-il : un jus le matin avec une tranche de pain bis, une soupe à midi parfois agrémentée d'un bout de viande. Il faut gérer sa faim, mesurer ses efforts, apprendre à végéter, à vivre au ralenti, à s'allonger.

La convention de Genève sur les prisonniers de guerre stipule que les officiers retenus dans les oflags ne peuvent être contraints au travail. Les Allemands, soucieux de soigner leur image vis-à-vis des observateurs internationaux, mais aussi d'évacuer les bouffées de violence et les velléités d'évasion, favorisent les « distractions », culturelles et sportives.

Pour les prisonniers, le principal danger est de ne rien faire d'autre que de compter les jours. Chacun essaie donc de tuer le temps comme il peut. Les

Anglais papotent à l'heure du thé, ou font du sport. Les Polonais tentent de reconstituer une armée secrète. Les Français, eux, mettent en place des « écoles ». Une sorte d'université parallèle, dont les diplômes seront ensuite reconnus par Vichy, placarde ses programmes dans la salle commune. Jean Guitton, futur académicien, y délivre avec Patrice de La Tour du Pin un cycle de conférences sur la littérature occitane. Goué le cérébral, le pédagogue, ne tarde pas, lui non plus, à lancer sa propre « école » : il dispense des cours d'optique géométrique, de physique et de thermodynamique. Goué le sensible, l'artiste en pleine ascension, veut également partager ses connaissances musicales. Mais cette fois, il lui faudra partir du b.a.-ba : à son grand regret, il n'y a ici aucun autre musicien de renom.

Dans ce camp coupé du monde, seuls quelques journaux de propagande circulent. Parfois une coupure de presse arrive cachée dans une boîte de conserve, et bientôt un unique poste de radio pour tout le monde – surnommé « Arthur ». Le courrier, aux délais de réception fluctuants, est toujours lu par l'ennemi. Pour les envois, le règlement est clair : chaque prisonnier a droit à deux lettres de vingt-six lignes et deux cartes de sept lignes par mois. Émile Goué utilisera chaque ligne, chaque caractère, pour maintenir le contact avec son épouse, lui raconter ses espoirs, ses craintes, l'assurer de son amour.

Lettre à Yvonne du 16 décembre 1940.

« Il paraît que les relations s'améliorent entre la France et l'Allemagne ; cela me donne une raison d'espérer dans ce retour auprès de toi auquel je pense sans cesse. »

Pour les autres prisonniers, Émile Goué devient vite le « maestro », l'homme-musique. Tous ont bien compris qu'il n'avait pas d'autre préoccupation. Au camp, il passe pour un original tout juste bon à éplucher les patates quand il daigne lever la tête des livres et des partitions. Un « type dans sa bulle » auquel il arrivait autrefois d'aller enseigner au lycée avec des chaussettes dépareillées.

Une vaste pièce de la baraque 12 B est dévolue aux activités culturelles. Faute d'instruments, Émile Goué commence par un cycle d'interventions théoriques sur l'esthétique musicale. Succès garanti : il fait salle comble. En septembre, il donne cinq leçons sur l'histoire de la musique. Un jeune polytechnicien passionné, Philippe Gordien, le prie de poursuivre. Cours d'harmonie, de contrepoint, de fugue, d'histoire de la symphonie, Émile le « maestro » propose une formation complète aux officiers encore traumatisés par la débâcle. Dans son élan, il lance une chorale avec une dizaine de camarades. Un assemblage baroque, dirigé par Gordien, et composé d'instituteurs anticléricaux, de prêtres et d'officiers de métier. Pour ce chœur à cent pour cent masculin, Goué réalise la transposition des voix féminines, et fait chanter aussi bien du Bach que des comptines sans prétention. Mais pour ce perfectionniste, l'agitation permanente du camp est une souffrance. Entre les appels au rassemblement et la promiscuité forcée, il est impossible d'être tranquille pour composer.

Lettre à Yvonne du 7 janvier 1941.

« Le Psaume 123 a été exécuté avant-hier 5 janvier avec l'orchestre et la chorale de l'oflag avec un très gros succès. Beaucoup se promettent de venir à mes concerts futurs. J'ai un peu de papier à musique mais pas de piano. Heureusement, il y a un quatuor d'amateurs à peu près satisfaisant. »

Les instruments de musique franchissent parfois plus facilement les barbelés du camp que les cigarettes ou les pulls chauds. À l'automne 1940, des prisonniers mettent en commun leurs maigres soldes afin de se procurer violons, saxophones et autres trompettes auprès des luthiers ou de revendeurs des environs. Des achats à l'aveugle, aux résultats souvent décevants. Il y a des trombones mal embouchés et de vieux crincrins qui couinent. Ensuite, par l'intermédiaire de la section bibliothèque et jeux du Comité central d'assistance aux prisonniers de guerre, d'autres instruments feront leur apparition dans le bloc 12. Émile Goué, lui, finira par récupérer un vieux piano, acheté dans un village voisin. Au final, il mettra ainsi en place un orchestre d'une quarantaine de musiciens.

Pour les occuper, et les former, il leur fournit des œuvres de jazz ou de variété, de la « musique facile » à ses yeux d'esthète. Peu à peu, le répertoire du bloc 12 s'enrichit : Fauré, Mozart et d'autres grands noms s'invitent au programme des concerts locaux. Même la musique de Wagner, pourtant symbole nazi, est interprétée sans trop d'arrière-pensées. Seule celle des compositeurs juifs est interdite. Certaines « folies » sont même permises sur scène, où les gardiens n'ont pas pour habitude d'interrompre les spectacles... Sauf un soir, lorsque deux clowns déguisés en cheval savant imitent le « pas germanique ».

Les airs de cirque et les opérettes n'entrent pas vraiment dans le plan de carrière d'Émile Goué. Conscient de son potentiel, et de plus en plus exigeant avec lui-même, il cherche plutôt à diversifier ses compétences. Il veut savoir tout faire, et promouvoir son style, à la fois sensible et rigoureux. Dès octobre, il écrit ainsi des œuvres religieuses, notamment le *Psaume CXXIII*, joué au camp le 5 janvier 1941. D'abord composée pour un chœur *a capella* (en latin), sa version instrumentale obtient un beau succès. Une fois la partition transmise à sa femme, Émile lui fournira des indications pour une éventuelle interprétation à Paris.

Lettre à Yvonne du 11 novembre 1942.

« Je signale que ce Psaume est une prière ; il ne doit pas être joué comme s'il était destiné à un public mondain (le Très lent signifie noire = 36 environ). Tout doit être pris comme une narration très aisée, les chœurs ne sont pas un choral, mais la voix d'une foule, s'élevant peu à peu au pathétique. Faire "éclater" l'accord parfait de la mesure 70 comme le symbole d'une confiance illimitée. Il doit y avoir tour à tour de la supplication, de l'anxiété, de la résignation, quelquefois de l'exaspération et même de la violence (imitation des ténors sur les basses, mesure 79 par exemple). Respecter sans exagération les accents toniques du texte latin, ce qui rendra la narration plus aisée. »

Cinq semaines plus tard, une version sera jouée à Paris, devant de nombreux musiciens influents, dont Charles Koechlin en personne, fier du disciple que la guerre lui a arraché.

Avenue des Gobelins, son épouse s'active en continu. Dès sa capture, elle n'a cessé de remuer ciel et terre pour le faire revenir. Dans ce Paris fantomatique et menaçant, où claquent les bottes allemandes, elle court du matin au soir pour promouvoir sa musique, faire la queue pour les tickets de rationnement rue Mouffetard, et s'occuper de ses trois enfants. Émile écrit quatre fois par mois.

Lettre à Yvonne du 5 janvier 1941.

« J'ai maigri (73 kg) et te plairai certainement mieux maintenant. Mais je me porte très bien. »

Lettre à Yvonne du 2 avril 1941.

« Beaucoup ici croient que j'aurai en rentrant un démarrage foudroyant et n'hésitent pas à me placer à côté des plus grands noms. »

Lettre à Yvonne du 23 avril 1941.

« J'ai écrit l'Adagio du 2e quatuor en pensant à toi : c'est un murmure d'amour et d'espoir que j'ai voulu écrire là, et je te dédierai tout mon second quatuor. »

Lettre à Yvonne du 23 octobre 1941.

« Mais il ne faut pas te priver pour moi. Santé toujours excellente. Moral meilleur qu'il y a un mois. Mais tes dernières lettres m'attristent, celle du 10 octobre en particulier. Il faut tenir, tenir, notre bonheur n'est pas fini, il est "suspendu". […] Tu me dis que tu dois travailler dur pour vivre. Ne m'envoie plus rien, pense à toi,

moi je suis sûr de tenir et je veux te retrouver, j'ai besoin de toi. Ma musique est endeuillée de ton absence. »

Dans ces courriers, il est souvent question de partitions en attente pour cause de pénurie de papier réglé. Son épouse se démène pour lui en fournir un maximum, ainsi que des lames de rasoir, des vêtements chauds, des gourmandises. Mais sa mission ne s'arrête pas à cette correspondance attentionnée : le soir, quand les enfants sont couchés, elle recopie, à l'encre de Chine, les partitions qu'Émile a réussi à lui transmettre. En règle générale, il profite des prisonniers libérés du camp pour glisser dans leur besace ces précieux documents. À partir de l'instauration du Comité de sauvegarde des œuvres de la pensée et de l'art français créées en captivité (1943), ils sortiront du camp dûment tamponnés et envoyés avenue des Gobelins.

À Paris, Yvonne sollicite les responsables de salle, les interprètes conseillés par Émile, essayant de se rappeler au bon souvenir des admirateurs de son mari. La jeune femme a l'esprit malin et le verbe haut. Pour elle, pour lui, l'enjeu est énorme : si une œuvre est au programme officiel de l'opéra, Émile pourra obtenir un congé de rapatriement provisoire, voire revenir pour toujours.

Lettre à Yvonne du 11 février 1942.

« Quelques officiers allemands du camp, musiciens, sont très impressionnés par mon oratorio. »

À son grand regret, ses compagnons sont moins réceptifs à sa musique que les gardiens allemands. Souvent, ces mélomanes en uniforme profitent de leur surveillance pour assister aux spectacles sans bouder leur plaisir.

De septembre à novembre 1941, Goué planche sur un projet de ballet. Une œuvre de trois quarts d'heure dans sa version « carcérale », mais dont il imagine déjà la déclinaison pour « grand orchestre et grande scène » dans une salle parisienne. Le ballet, baptisé *Renaissance*, s'étale sur deux journées symboliques : la première traite du désespoir du captif ; la seconde des idées auxquelles il s'accroche pour tenir. Cette fresque ambitieuse est transposée à l'oflag en un oratorio mimé, accompagné de deux flûtes, deux clarinettes, deux saxophones, d'une trompette, d'un trombone et de cordes. Une troupe de vingt-trois mimes, trente musiciens et quarante choristes investissent la scène pour trois représentations.

Le succès est tel qu'en récompense le « maestro » français est transféré dans une chambre à trois, plus spacieuse, avec un lit d'où, pour la première fois, il aperçoit le plafond et non le sommier du dessus.

« J'en ai eu le vertige pendant trois nuits », écrit Émile à sa femme. Il goûte aussi le silence, la tranquillité pour se recueillir et travailler, s'asseoir sur une chaise au lieu d'un tabouret. La température atteint – 20 °C au-dehors mais le compositeur se sent beaucoup mieux. « Ma situation est privilégiée et je la dois à la musique, qui est de plus en plus comprise et aimée. »

Lettre à Yvonne du 28 janvier 1942.

« Envoie-moi encore 4 cahiers 16 portées, 4 cahiers 14 portées, 6 cahiers 26 portées. As-tu été voir P. d'Arquennes ? »

Lettre à Yvonne du 17 février 1942.

« Tu pourrais aller voir La Laurencie, camarade rapatrié, qui connaît peut-être Paul Paray et pourrait attirer son attention sur cette œuvre. »

Lettre à Yvonne du 1er avril 1942.

« Tu pourrais peut-être voir pour les prix de l'Institut, par ex. Mme Georges Bizet. Il te faudrait connaître Fl. Schmitt pour cela. »

Lettre à Yvonne du 15 juillet 1942.

« Il est exact que seules les œuvres fortement méditées font les grands musiciens et j'ai l'ambition d'en être un. Mais j'ai vécu deux ans en contact continuel avec des gens qui réclament de

la musique, et pour qui ma sonate et mes quatuors demeurent inaccessibles. Je me suis penché vers eux, j'ai simplifié ma pensée et j'ai créé du bonheur autour de moi. Ai-je eu tort ? Je ne le crois pas. [...] Je manque de piano, de solitude, de beauté, de liberté, de phosphore aussi. Ma femme et mes enfants me manquent. J'aspire violemment au retour pour me remettre à des œuvres exigeant le renouvellement constant de l'inspiration. »

Ces lettres éclairent souvent le bon côté des choses, pour ne pas trop inquiéter Yvonne. Mais 1942 est une année noire. Miné psychologiquement, empli de doutes, très affaibli, Émile sombre dans une déprime profonde et apparemment sans issue. « Vivrai-je jusqu'à ce soir ? » se demande-t-il chaque matin. La nourriture est rare, les traitements mauvais, la censure sévit. Surtout, il ne se retrouve plus dans sa musique. « Je fais du joli et plus du beau », constate-t-il en lisant ses partitions.

Pour ne rien arranger, certains critiques parisiens sont impitoyables envers lui, et son travail. De quoi le faire fulminer quand il l'apprend, par les lettres d'Yvonne. Comment répliquer à ce Paris qui le snobe ? Le voici qui s'emporte, après s'être fait éreinter par le musicographe belge José Bruyr, qui traite sa *Sonate pour violon et piano* de « concert de prisonnier gauche et maladroit ».

Lettre à Yvonne du 9 septembre 1942.

« Qu'entend-il par gaucherie, maladresses, "invraisemblables trous !" [...] Je ne suis ni chimiste ni creusois, et j'ai tout de même fait du contrepoint et de la fugue avec Koechlin. J'ai l'impression pénible d'être pris pour un débutant (J'ai trente-cinq œuvres derrière moi) et que toutes les particularités de mon style sont traitées de maladresses. [...] La mesure ! Mais la France n'est pas le pays de la mesure. Il y a eu Jeanne d'Arc, Napoléon, Berlioz, Hugo. Et Mort d'un autre, *non élagué, est non seulement une belle chose, mais une grande chose. »*

Pourtant, la lumière va poindre de nouveau dans la vie d'Émile Goué. De l'extérieur, d'abord, sans trop qu'il le sache, avec l'entrée en guerre des États-Unis, en décembre 1941. Puis avec l'adoption d'une mesure déterminante : les pères de trois enfants, comme lui, se voient accorder une lettre supplémentaire par mois. Entre accès d'abattement et euphorie créatrice, Goué, muré dans sa chambre et dans son imaginaire, va plus que jamais se réfugier dans les partitions, arpenter le labyrinthe de son esprit torturé.

Lettre et carte à Yvonne du 13 juillet 1943.

« J'ai enfin compris (avec mon intelligence) les principes généraux de mon écriture et de mes

procédés de composition, alors que jusqu'ici je le sentais avec mon instinct. [...] Ma technique va faire un bond prodigieux en avant dès que tout cela sera mis en ordre. Il ne s'agit pas de se laisser emprisonner dans une doctrine faite « a priori » mais d'exploiter les résultats expérimentaux obtenus depuis dix ans après bien des tâtonnements, en vue d'une écriture et d'une forme plus lucides, et d'une nouvelle marche en avant. L'événement est sensationnel pour moi. Dieu a eu pitié de ma souffrance artistique et vient de me récompenser. Quand nous aurons assez souffert dans notre Amour il nous récompensera également. J'ai de nouveau pleine confiance en la vie. Mes prochaines semaines vont être consacrées à l'organisation et l'explication détaillée de tout ce domaine en friche. J'ai du pain sur la planche ! Bien que les œuvres à étudier soient peu nombreuses. »

La réclusion est tantôt un empêchement, tantôt une sublimation. Goué passe et repasse sur ses compositions. Tourne en rond. Cherche l'issue. Comment se libérer de la médiocrité, réactiver un processus de création sain, repartir de l'avant quand, tout autour, rien ne bouge ? Pour lui, chimie et musique sont la même affaire : une question de dosage, de réactions, de précipités, de changements de couleurs et de structures. Sans la voir venir, Goué va être secoué d'une décharge électrique à la vue du premier accord d'une de ses compositions, *Fleur morte*, une agrégation de 7e de dominante en ut dièse mineur. Bloqué devant la partition, il perce à jour cette simple note. La clef de voûte de son œuvre. Il appelle cela la « simultanéité chromatique ». Voilà qui va enfin réorienter son travail. Dans l'euphorie, comme pris de folie, il pense à brûler toute sa production antérieure. *Tabula rasa*. Et puis, non, il se ravise. Au contraire, ces œuvres sont la base même de ce qu'il s'apprête à accomplir. Vite, dès sa prochaine lettre, il demandera à Yvonne de lui faire envoyer ses partitions de jeunesse.

En musicien-scientifique, le prisonnier Goué décide de théoriser toute sa production passée, afin de repérer et d'analyser cette « simultanéité chromatique », jusque-là instinctive. Il ne s'engage pas seul dans ce défi titanesque. Durant deux semaines, à raison de huit heures de travail par jour, il s'entoure de son fidèle disciple Philippe Gordien, ainsi que de Jean Brille, un professeur agrégé de mathématiques spéciales, qui lui apporte ses qualités analytiques. Une fois ses procédés de composition codifiés, à la mi-mai 1943, Goué cède la direction de l'orchestre afin de se consacrer à une nouvelle tâche : dispenser des cours d'esthétique aux prisonniers, et se remettre à écrire.

Lettre à Yvonne du 19 octobre 1943.

« Plus de salles d'étude, ma chambre contient cinq occupants et non trois ; il est difficile de travailler. Quant au piano, il est de plus en plus fatigué ! Et il est toujours impossible d'avoir le silence ! »

Lettre à Yvonne du 15 février 1944.

« Ne te tracasse pas pour faire jouer ma musique, j'ai repris mon équilibre et je n'ai plus besoin de cela. L'important est que je sache ce que je veux en matière d'art : or je le sais maintenant – et que je puisse l'appliquer à des œuvres solides et bien personnelles – ce que je tente de faire méthodiquement. J'ai acquis une grande lucidité en matière de composition musicale et je crois que les prochaines années seront fructueuses, surtout quand je vous aurai retrouvés. »

Lettre à Yvonne du 23 août 1944.

« On peut dire qu'actuellement personne ici ne fait plus rien. On attend, on a beaucoup d'espoir et un peu d'angoisse pour la France. »

Émile Goué est en pleine composition d'un trio pour flûte, harpe et basson quand le camp apprend la nouvelle du débarquement des Alliés en Normandie, le 6 juin 1944. Les peurs, les questionnements et les rumeurs étouffent la créativité.

Impossible de se concentrer dans un pareil raffut. Le camp vibre soudain d'une attente fébrile. Émile se replonge, pour s'occuper l'esprit, dans ses œuvres antérieures. Il organise de petits concerts estivaux. Rien de sérieux. Puis, fort de sa nouvelle règle théorique, il médite et planifie la poursuite de son catalogue : pièce pour piano, quatuor, sonate, oratorios, symphonie. Il doit s'armer de patience. Son génie dépend dorénavant des événements extérieurs.

Lettre à Yvonne du 2 octobre 1944.

« Nous sommes maintenant six dans notre chambre et bientôt sept. Me sera-t-il possible de travailler ? [...] Toujours sans nouvelles de toi depuis ta carte du 18 juillet. C'est long ! »

Lettre à Yvonne du 20 décembre 1944.

« Voici le cinquième Noël de captivité, le cinquième aussi que je passe loin de vous. Peut-être sera-ce le dernier [...]. Je travaille l'orchestration par trois du Paysage vu du mont Coudreau. *J'aurai tout juste assez de papier pour le finir, mais mon stock s'épuise et dans quelques mois je devrai cesser de travailler, à moins que les colis individuels puissent reprendre et que tu puisses m'envoyer du papier, en même temps que des vêtements. »*

La nourriture n'a jamais été aussi pauvre, les corps se décharnent à vue d'œil. Mais l'orchestre a monté *Macbeth*. Goué en a écrit la musique, sans conviction. Depuis le débarquement, les colis n'arrivent plus de France. Des silhouettes immobiles hantent les recoins des baraques. Goué voit dans ce camp qui pue la mort, les épreuves du début de la captivité, mais à rebours. Il lit Anatole France et Simenon, compose, au ralenti, un troisième quatuor. Ce sera sa vingtième œuvre en bientôt six ans d'« interruption de [son] métier », comme il le dit à Yvonne.

Alors que les batailles se rapprochent des replis de la Weser, un drame accable les prisonniers : le dimanche 4 février 1945, un avion britannique Lancaster, endommagé par la défense allemande, bombarde accidentellement l'oflag XB, détruisant les baraques 9 et 10. Le bilan est terrible : quatre-vingt-dix-neuf morts, cent dix blessés. Après la messe célébrée dans le réfectoire, en présence de la *Kommandantur*, la vie reprend, dans le souvenir des copains disparus. Émile Goué, d'abord mélancolique, remarque comment, en à peine dix jours, il recouvre son état normal.

Carte à Yvonne du 21 février 1945.

« Il est stupéfiant de constater combien l'esprit humain cicatrise ses plaies avec rapidité. Quel instinct, quelle volonté ! Au sortir d'un

hiver dur où nous avons eu froid et faim, où l'absence de tabac s'est cruellement fait sentir, nous avons connu une épouvantable catastrophe. Eh bien ! me voici de nouveau en excellente condition. Évidemment je suis pratiquement incapable de tout effort physique. Mais au point de vue moral, cela va parfaitement. Et intellectuellement, si je pouvais manger à ma faim, je crois que je serais vite de nouveau en état de travailler. [...] J'ai énormément réfléchi à un tas de choses pendant cette captivité. J'en sortirai, chose étrange, plus jeune en esprit que j'y suis entré. La souffrance, dit-on, apprend à rire. »

Occupé à l'élaboration de son *Troisième quatuor*, Émile Goué est contraint de le laisser incomplet. Et pour cause : l'évacuation générale du camp est décrétée. L'armée anglaise, progressant en cercles concentriques vers l'oflag, pousse les Allemands à libérer les prisonniers au début du mois d'avril 1945. Dans la pagaille, les hommes quittent Nienburg-sur-Weser à pied, le long d'un corridor humanitaire. Bardés chacun d'un sac à dos, ils doivent rejoindre une base anglaise, plus au nord, au camp de Fallingbostel, ce qui implique plus de soixante kilomètres à parcourir dans la lande, à raison d'une quinzaine par jour. Très diminué physiquement, Émile peine à suivre. Laissant filer ses camarades, il est soigné cinq jours dans un village, avant de retrouver le groupe, désormais sous protection britannique. Pour le « maestro » qu'il est toujours resté, l'heure des comptes est venue : en cinq ans, à l'oflag XB, vingt et un concerts de variété, quarante-cinq de musique symphonique, trente de musique de chambre et vingt et un de jazz ont été joués. Lui-même a composé une vingtaine d'œuvres.

Lettre à Yvonne du 22 avril 1945, sur papier fourni par les services des forces britanniques (NAAFI).

« L'oflag XB ayant été évacué le 5 avril à cause de l'avance rapide des Alliés, je me suis retrouvé, après quelques aventures et péripéties que je te raconterai, au camp de Fallingbostel, ainsi que quelques camarades (stalag XI B). Arrivés ici le 15 au soir, nous étions délivrés le lendemain matin à 9 heures. Minute assez émouvante ! Depuis nous mangeons à notre faim et fumons à notre fantaisie. Ravitaillement anglais abondant en vivres et tabac. Santé très bonne, je pense reprendre quelques kilos en ce moment (j'étais descendu à 61 kg). Mais le temps semble long ! Il paraît que nous serons rapatriés dans une quinzaine de jours. Inutile de te dire combien je pense à vous et me prépare au grand bonheur de vous revoir. »

Émile Goué est rentré au 7, avenue des Gobelins comme s'il revenait du lycée Louis-le-Grand : pendant ses cinq ans de captivité, il a gardé sur lui les clefs de l'appartement.

La vie de famille reprend son cours. Les enfants ont grandi sans lui, mais il ne paraît pas pour autant être un étranger. Il a toujours été là, par ses lettres, et dans les mots d'Yvonne. Émile referme cette parenthèse en se réappropriant chaque petit bonheur de la vie. Il retrouve son piano d'autrefois, sa musique et se replonge dans l'*Esquisse pour un paysage vu du mont Coudreau*.

Le 1er octobre 1945, ses cours sont prêts pour la rentrée. Une classe de soixante-quinze élèves à amener aux concours des grandes écoles. Un décret ministériel le nomme même membre du jury à l'agrégation des sciences physiques. Peu à peu, il relace ainsi le fil de sa double vie de chimiste-musicien. Il se produit au piano, participe à des salons musicaux, planifie des œuvres qui coulent de source, depuis sa révélation de l'oflag. Termine l'année scolaire, jusqu'à ce qu'une affection pulmonaire contractée dans le camp le contraigne à intégrer le sanatorium universitaire de Neufmoutiers-en-Brie (Seine-et-Marne), le 11 juillet 1946.

Émile Goué, quarante-deux ans, occupe une chambre du rez-de-chaussée, avec une vue dégagée sur le parc et une grande prairie parsemée de colchiques. Un paysage inspirant. Depuis son lit, il poursuit une nouvelle esquisse symphonique, sèche, à l'os, concentré chimique de sa théorie. Elle s'intitule *Esquisse d'inscription sur une stèle*... Il pense avoir atteint la maturité musicale, un contrôle total sur lui-même et sur ses œuvres. Il le dit à Philippe Gordien, son disciple, qui lui rend visite. Yvonne aussi vient dès qu'elle peut, le jeudi et le dimanche, avec les enfants. Le 10 octobre 1946, après avoir embrassé du regard le champ de colchiques, au travers de sa fenêtre, Émile ferme les yeux, blotti une dernière fois dans les bras de son épouse.

Dans les années suivantes, celle-ci poursuivra le travail en gardienne du temple, comme pendant la guerre, pour faire vivre les œuvres de son mari. Avec Philippe Gordien pour la partie musicale, si familier de l'œuvre du « maestro », elle époussette l'héritage. Les œuvres de Goué, si complexes, une certaine popularité chez les spécialistes, dans les années 1960, puis une baisse de notoriété dans la décennie 1980.

À la mort d'Yvonne, en 1989, les partitions traînent encore un peu partout dans l'appartement. Elles sont alors placées dans un coffre à la banque, puis déposées à la médiathèque Gustav-Mahler (Paris 8e). Pendant ce temps, Bernard Goué, le plus jeune fils, alors retraité, reprend en main le trésor familial, avec l'association Les Amis d'Émile Goué. C'est sur l'adresse électronique du site de cette association qu'arrivera un jour un message un peu embrouillé d'un drôle de pianiste italien.

Francesco suit depuis longtemps la piste des enregistrements du maître de l'oflag XB, une pièce essentielle à son encyclopédie. Par chance, la petite-fille de Bernard Goué, Nirmala, habite en Italie, près de Rome. Un rendez-vous est pris dans la capitale italienne. Grâce à elle, et à Bernard, Francesco commence à garnir ses archives de partitions d'Émile Goué. *Renaissance*, *Esquisse pour un paysage vu du mont Coudreau*, les quatuors, les trios... Les créations de Nienburg-sur-Weser, souvent mal comprises à Paris, tant leur style est particulier, vont résonner comme une révélation dans le bureau encombré de la via dell'Industria.

« Émile Goué. » Quand Francesco prononce ce nom, on dirait qu'il dit « Hemingway ». Pendant des semaines, Grazia n'entend plus parler que de lui. De ses précipités chimiques qui font vibrer l'orchestre, de ses rythmiques inédites. Une folie mesurée, une liberté théorisée. Lotoro tient son Mozart. Cette fois, ce n'est pas de la musiquette mais du grand art. Alors il s'énerve : c'est une hérésie qu'un tel homme ne soit pas plus reconnu ! Et son âge, vous connaissez son âge, ignorants de Barletta ? Quarante ans ! Quarante ans dans le camp, quand il atteint sa plénitude artistique ! Quarante ans, oui, comme Francesco lorsqu'il le découvre sur son piano droit. Pour un compositeur, c'est le début de la carrière. En observant ses propres mains courir sur les blanches et les noires, Lotoro ne peut évacuer la comparaison de son esprit.

Lors de son premier séjour à Prague, à vingt-sept ans à peine, il les voyait si lointains, ces compositeurs des camps. Si éloignés de lui, si haut, inaccessibles virtuoses. Désormais, sa propre sensibilité change. Aucun doute : il s'est rapproché d'eux, il a mûri. Dans ses recherches, ses voyages, mais aussi lorsqu'il s'attaque en solo à une nouvelle partition. Il se sent plus détaché. Il fait son devoir. C'est devenu naturel.

Aujourd'hui, à quarante-sept ans, Francesco est plus âgé que la majorité des musiciens oubliés à leurs plus belles heures. Le temps file, à Barletta. Il vieillit, seul ou presque, dans son coin d'Italie. Lui qui, jeune talent, rêvait de compositions et de tournées. À part l'encyclopédie, qu'a-t-il laissé ? Un concert d'inédits de Nietzsche, à Milan, produit par la radio suisse italienne, en 1994 ; un disque des messes allemandes de Bach pour deux pianos, avec le maestro Ciccolini l'année d'après ; et, en 1998, un disque sur la musique du Printemps de Prague. Aujourd'hui, il joue les suites françaises de Bach pour le plaisir, et Beethoven pour la détente. Mais ces maîtres classiques sonnent différemment. Pas comme autrefois, dans l'usine de bois du tonton de Barletta. Ni même comme à l'académie de ses débuts, à Budapest. Francesco les rejoue « filtrés ». Ça lui paraît plus facile qu'avant. Et pour cause : un sédiment de centaines de partitions les recouvre. Erwin Schulhoff est passé par là, et Rudolf Karel, et, le plus génial peut-être, le plus incompris : Émile Goué.

Barletta, 16 juillet 2011

La scène dure cinq minutes et dix-huit secondes.

Elle a pour cadre le pénitencier fédéral de Shawshank, dans l'État américain du Maine. Francesco la connaît par cœur. C'est son passage préféré du film *Les Évadés*.

Il approche ses doigts de l'écran, bouge les lèvres en play-back en suivant les acteurs. Tim Robbins incarne un taulard injustement condamné, Morgan Freeman est son ami. C'est vers le milieu du film, quand Tim Robbins, après avoir développé la bibliothèque de la prison, se barricade dans la salle radio, et diffuse *Les Noces de Figaro* à travers les haut-parleurs du pénitencier. Il sait qu'il sera bastonné, qu'on le mettra à l'isolement, peut-être qu'il en mourra, mais Shawshank est inondé de la musique de Mozart chantée en italien. « La musique vit dans l'air, répète Francesco, la musique vit dans l'air. »

Frida Misul

Camp d'Auschwitz, Pologne, 1944

« C'était une Frida. »

La vieille dame de Tel-Aviv a laissé ce seul indice à Francesco Lotoro, avant qu'il regagne l'aéroport international Ben-Gourion. Esther Refael, survivante d'Auschwitz, a fredonné devant lui les paroles dont elle se souvenait, et lui a glissé ce prénom en guise d'au revoir. Aucun doute pour elle : c'était bien cette Frida, une Italienne, qui faisait chanter le bloc des femmes en entonnant : « Faites-nous rentrer pour Kippour. » Elle avait aussi composé une chansonnette, sur la musique de *Rosamunda* [1], intitulée

1. Composée en 1929 sous le titre de *Modřanská Polka* par le Tchèque Jaromír Vejvoda, cette chanson a connu une popularité mondiale en 1931, sous le nouveau titre de *Beer Barrel Polka*. Elle fut entonnée par les soldats des différents camps de la Seconde Guerre mondiale, et poursuivit sa « carrière » avec des reprises variées (*Rosamunda* en Italie, *Frida Oum Papa* par Annie Cordy en France...). Cet air entêtant est abondamment utilisé dans des publicités ou soirées dansantes, ainsi que dans les stades (à chaque match de base-ball des

Lagerue[1]. Soixante ans après, Esther la connaissait toujours par cœur.

Lagerue, Lagerue, Lagerue maledetto
Che si sente ogni sera quando noi andiamo a letto.
Lagerue, Lagerue, Lagerue maledetto
Che si sente ogni sera quando noi stiamo qua.
Nel blocco 30 non si può dormir,
Son le polacche che ci fan soffrir
Tutte le sere quando entriamo
E le coperte non troviamo.
Ma tu blockova che ci fai tanto soffrir
Un bel giorno noi ti faremo morir.
Se qualcuna di noi si troverà
Davanti a un ufficiale lo faremo bastonar[2].

Esther Refael chantait encore quand Francesco a refermé la porte pour filer prendre son avion.

Milwaukee Brewers, ou encore dans la version « Ce soir on vous met le feu... »).

1. *Lagerue* est une déformation italianisée de *Lager Rhue* (« repos au camp »), soit le signal sonore craché par les haut-parleurs d'Auschwitz, chaque soir, à 20 heures, signalant le couvre-feu.

2. « Lagerue, Lagerue, maudit Lagerue / Qu'on entend tous les soirs, quand on va au lit. / Lagerue, Lagerue, maudit Lagerue / Qu'on entend tous les soirs quand on est ici. / Dans le bloc 30 on ne peut pas dormir, / Ce sont les Polonaises qui nous font souffrir. / Tous les soirs quand on rentre / On ne trouve plus nos couvertures. / Mais toi la gardienne qui nous fait tant souffrir / Un beau jour on te fera mourir. / Si l'une d'entre nous se trouve / Devant un officier, on le fera bastonner. »

Ce jour-là, pendant le vol, le pianiste de Barletta recopie au propre les paroles qu'elle lui a livrées. Au bas du texte, il écrit « Anonyme d'Auschwitz ». Puis : « Attribué à une certaine Frida ».

En partant des listes des déportées italiennes, il veut retrouver sa piste. Les premières indications le mènent en Toscane, jusqu'au fils de la chanteuse, Roberto, chauffeur d'ambulance à Livourne, ville portuaire au cœur rouge et rebelle dont le port fut pulvérisé par les nazis. Sa mère, décédée en 1992, y a laissé une rue à son nom, dans les faubourgs, et un journal intime réimprimé trois fois.

Elle s'appelait donc Frida, Frida Misul, fille de Roberto Misul et de Zaia Samai, née à Livourne le 3 novembre 1919.

De 1932 à 1938, elle fait partie du chœur du temple, une institution culturelle de la communauté juive. Ses parents vendent des fritures dans une échoppe de la via Montegrappa. Elle-même est vendeuse dans le magasin de matériel électrique de ses cousins La Comba, via Grande, en plein centre-ville. Mais la passion de Frida, c'est le chant. Du matin au soir, elle fredonne les airs à la mode, et les classiques d'opérette.

À partir de 1940, sous le nom d'emprunt de Frida Masoni[1], elle se rend régulièrement en train à

1. Bien que d'abord nié officiellement par Benito Mussolini, l'antisémitisme va croissant durant les années 1930. La publication, à

Florence pour y suivre des cours de chant. Mais le renforcement des lois antijuives l'oblige bientôt à cesser ses voyages. Elle ne renonce pas pour autant au chant, entonnant l'*Ave Maria*, de Schubert et de Gounod, à l'occasion de mariages. Toujours sous le même pseudonyme, elle participe à son premier concert officiel le 15 avril 1941, sur la scène du Dopolavoro Aziendale « ANIC ». Coût du ticket d'entrée : deux lires. Ce jour-là, Frida chante *Mattinata*, de Vincenzo Billi, puis du Bellini, du Puccini et du Cilea.

Un jour, elle accompagne une amie pianiste pour une démonstration chez son professeur, à Ardenza, au sud de Livourne. L'enseignante, Elena Mancini, émerveillée par sa voix, propose de lui donner des leçons gratuites. Frida refuse, mais Mme Mancini insiste. La jeune fille finit par accepter, la boule au ventre : elle sait que la *professoressa* occupe des fonctions importantes au sein du parti fasciste, elle est vice-présidente de l'Office pour l'éducation et l'enfance de la province.

Le 19 mars 1944, l'aviation allemande bombarde Livourne. La maison des Misul est réduite en poussière. Frida demande de l'aide à Mancini, afin

l'été 1938, du texte *Le Fascisme et le problème de la race*, par des « scientifiques » proches du Duce, affirme une politique ouvertement raciste et antisémite, entraînant persécutions et humiliations. Ainsi, de nombreuses familles furent contraintes à changer de nom et à cacher leur foi.

d'obtenir le permis de pénétrer dans la « zone noire », cette aire calcinée du centre-ville, désormais interdite aux passants. La *professoressa* lui assure qu'elle peut aller sans crainte au commissariat, à Ardenza. Là, quand les agents découvrent que Frida est juive, ils la gardent en cellule pendant qu'un groupe de policiers part à la recherche du reste de sa famille. Ils rentrent bredouilles et, fous de colère, giflent la jeune détenue. Informée de son arrestation, Mme Mancini ne lui viendra pas en aide. Au contraire : « Je ne peux pas menacer ma position pour la faire libérer, lance-t-elle, parce que les Juifs sont la ruine du monde, et des gens indésirables. »

De la caserne d'Ardenza, Frida monte dans un train à destination du camp de concentration de Fossoli, près de Modène. Le 22 mai 1944, Frida Misul, alias Masoni, matricule A-5383, est conduite dans le convoi numéro 10 à destination d'Auschwitz.

Après quelques mois de détention, elle est admise dans la baraque-hôpital pour soigner une pneumonie et une néphrite. Avant de la laisser partir guérie, la gardienne de l'infirmerie lui demande si c'est bien vrai qu'elle a étudié le chant en Italie, et l'invite à faire une démonstration. Frida, prise de court, pense aussitôt à *Mamma, son tanto felice*[1].

1. Cette chanson, composée en 1940 et interprétée par Cesare Andrea Bixio (Naples 1896-Rome 1978), ode à l'amour maternel, raconte le bonheur de retrouver sa maman.

Quand elle chante, elle imagine que, du ciel, sa mère décédée l'aidera à se sauver. Sur les lits superposés, les autres malades ont la gorge nouée. Mais à peine a-t-elle terminé que la porte s'ouvre avec fracas. Le médecin-chef déboule, entouré de ses adjoints. Cet homme a une sinistre réputation ; il vient paraît-il chaque soir sélectionner les malades destinés aux chambres à gaz.

« Chante aussi pour nous ! » crie-t-il. Frida, toute tremblante, interprète la *Sérénade* de Schubert. Le médecin la fixe intensément, puis lui demande de le suivre, sous escorte, jusqu'à une salle remplie de tissus et de piles de linge. Grâce à la *Sérénade*, Frida a gagné le droit de revêtir des habits propres et d'accomplir un travail moins pénible : la voici désormais couturière.

Le soir, dans le secret de la chambrée, elle chante tout de même pour ses amies. En hébreu, elle entonne l'*Hatikva*. En italien, elle célèbre la gastronomie nationale. Sa première composition personnelle sera d'ailleurs *Quadratini in brodo*, un hommage gourmand aux « raviolis au bouillon ». Et puis, sur l'air si connu de *Rosamunda*, voilà son *Lagerue*, qui devient l'hymne officieux de la chambrée.

Le 16 novembre 1944, Frida est transférée au camp de Flossenbürg, près de la frontière tchèque, puis dans une usine de munitions. Le travail est pénible, l'assiette plus vide encore qu'à Auschwitz.

Alexander Kulisiewicz (ici lors d'un concert à Bologne en 1965) animait les soirées clandestines du camp de Sachsenhausen de ses comptines transgressives.
© USHMM, Kulisiewicz Collection

Alexander Kulisiewicz, ici vers 1980, a mémorisé des centaines de chansons issues des camps polonais.
© D. R.

Erwin Schulhoff laissa inachevée sa symphonie numéro 8, écrite en détention dans la forteresse de Wülzburg.
© D. R.

Le résistant et violoniste polonais Jozef Kropinski composa plus de quatre cents morceaux au camp de Buchenwald.
© Waldemar Kropinski, collection personnelle

Viktor Ullmann créa au camp de Terezín l'opéra *Le Kaiser Von Atlantis,* avant d'être déporté à Auschwitz avec l'ensemble du casting.
© D. R.

Le jeune soldat londonien Harry Berry savait distraire ses compagnons avec ses swings et chansons folk, aux camps de prisonniers de Changi à Singapour et d'Omori au Japon.
© Linda West, collection personnelle

Le père Gregor Schwake, organiste allemand, participa activement à la vie musicale du « bloc des Prêtres » du camp de Dachau.
© Johannes Pickers, collection personnelle

Rudolf Karel composa ses ultimes œuvres au moyen d'une écharde recouverte de charbon sur du papier hygiénique, dans la prison pragoise de Pankrác.
© Ivan Karel, collection personnelle

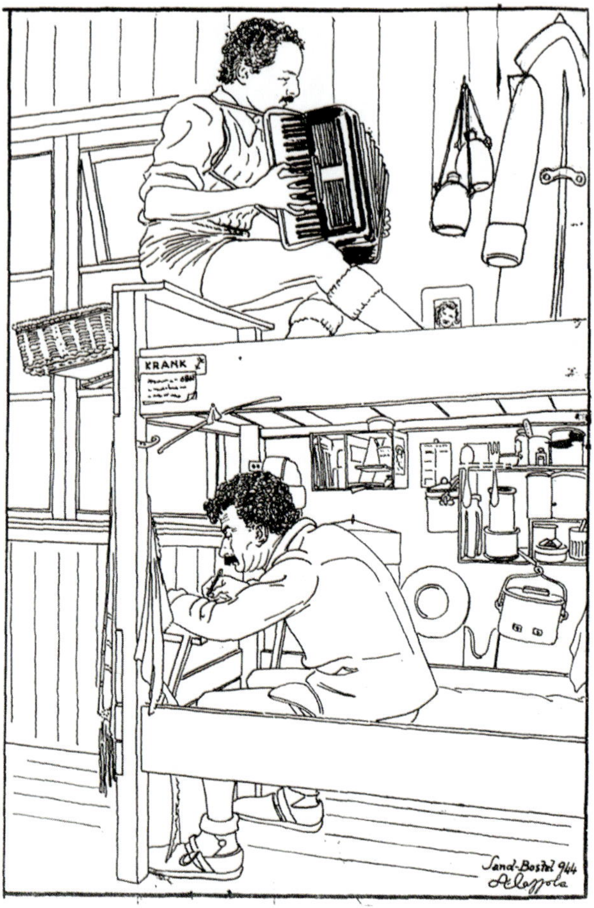

Les compères italiens Giovanni Guareschi et Arturo Coppola représentèrent leur *Favola di Natale* devant leurs codétenus du camp de Sandbostel, la nuit du 24 décembre 1944.
© Archivio Guareschi, Roncole Verdi / Archivio Giancarlo Coppola, Treviso

Le duo hollandais jazzy « Johnny and Jones » continua à satisfaire son public, même dans les baraques du camp de Westerbork.
© D. R.

Le compositeur français Émile Goué (sur la photo, assis en bas à droite) donna aussi bien des cours de musique que de physique-chimie à ses codétenus de l'oflag de Nienburg-sur-Weser.
© Bernard Goué, collection personnelle

La chanteuse livournaise Frida Misul faisait résonner ses comptines et parodies dans sa chambrée du camp d'Auschwitz.
© Roberto Rugiadi, collection personnelle

Page ci-contre : L'opéra pour enfant *Brundibár* fut représenté cinquante-cinq fois au camp de Terezín, et utilisé par les nazis à des fins de propagande.
© D. R.

Le maestro Francesco Lotoro poursuit, depuis plus de vingt ans, la quête de la musique composée en captivité entre 1933 et 1945.
© D. R.

C'est avec la mise en scène de l'opéra *Brundibár* que Francesco Lotoro a commencé à mettre sur pied son orchestre de « musique concentrationnaire ».
© D. R.

Francesco Lotoro a rassemblé plus de 4 000 morceaux dans les archives de son bureau de Barletta (Pouilles). © *D. R.*

Parcourant l'Europe à la recherche de partitions inédites, le maestro poursuit sans relâche sa quête effrénée (ici à Prague en mars 2012). © *D. R.*

Les chefs sont ultraviolents, ils s'énervent pour un rien. Un soir d'hiver, à l'usine, un SS lui frappe la mâchoire d'un coup de crosse. Trois incisives cassées, des côtes fracturées, les yeux gonflés, Frida n'est plus apte au travail pour quelques jours.

Le 31 décembre, elle se retrouve dans le bureau de la kapo, qui lui demande si elle est vraiment chanteuse. Désignant ses dents, Frida fait signe qu'elle ne peut pas chanter. Mais la kapo insiste, c'est un ordre. La première chanson qui vient à ses lèvres meurtries est à nouveau *Mamma, son tanto felice*. Puis l'*Ave Maria* et un air de *Madame Butterfly*. Elle est relâchée par la kapo, qui n'a pu retenir une larme d'émotion.

Frida passe la soirée auprès de ses camarades, en chantant d'une voix de fausset, du fond de la gorge. Vers 1 heure du matin, quand toutes les filles dorment, elle sent une caresse sur sa joue endolorie et entend une voix qui chuchote « Frida ». La kapo pose près d'elle une large tranche de pain frais et une ration de viande. Une autre caresse, et elle disparaît.

Dans les premiers mois de 1945, les bombardements se font plus proches, et plus nombreux. Un matin, un prisonnier politique italien se glisse dans l'usine de Frida et donne des nouvelles de l'extérieur. Avant de disparaître, il dit simplement : « Restez tranquilles, la libération est proche. »

Le 5 avril, les kapos ordonnent un appel extraordinaire. Elles sont nerveuses, distribuent des briquettes de lait sans raison. Puis, elles enferment les prisonnières dans une baraque, avant de les amener, lors d'une marche forcée de deux jours, jusqu'au quai d'une gare de campagne. Dans des wagons à bestiaux, sans eau ni nourriture, le groupe progresse vers l'est, dans le vacarme des détonations. Après une dernière marche de dix kilomètres, elles atteignent les remparts d'une forteresse : Terezín.

Frida et ses camarades ne resteront que quatre jours dans la cité-ghetto tchèque. À l'issue d'un violent assaut, l'armée russe libère le camp, vite confié à la Croix-Rouge. Frida, transférée à la base américaine de Plzeň, y patientera un mois, avec d'autres Italiens, avant de traverser à nouveau l'Europe, en sens inverse, dans un paysage de cendres.

À leur arrivée à Trente, au pied des Dolomites, les prisonniers sont accueillis par des centaines de drapeaux tricolores et au son de l'hymne national. À peine descendue du convoi, la jeune fille file vers Livourne, retrouver sa famille, son emploi chez les cousins La Comba, sa vie d'avant. Jamais elle ne cessera de témoigner dans les écoles locales. Jamais non plus elle ne cessera de chanter.

Ces chansons ne constituent pas de grands défis techniques pour Francesco et le chœur Diapente. Deux prises suffiront, dans les studios romains

Trafalgar, pour enregistrer *Lagerue*. Mais la puissance émotionnelle de cette œuvre témoigne de l'importance, même dans les pires moments, de ces airs « de rien », et autres refrains populaires. Comme le célèbre *Mamma, son tanto felice* de Cesare Bixio. Ces paroles qui venaient si naturellement aux lèvres de Frida Misul ignoraient les frontières, elles étaient fredonnées jusqu'en Pologne, en Allemagne, en Russie.

Cesare Bixio, le fameux chanteur napolitain, était le père de Franco Bixio, le producteur de l'encyclopédie. Celui-ci ignorait que les tubes de son père étaient chantés dans les camps. Jusqu'au jour où Francesco a exhumé ce lointain passé...

En classant ses fiches de chansons polonaises, Francesco tombe un jour sur une composition de 1942 attribuée à un certain Stanislas Lampart, prisonnier à Auschwitz. L'œuvre est intitulée *Piosenka dla mamy*, soit, en italien, *Musica alla mamma*. Auteur : « C. Dixio ». Pas de doute, le « B » est devenu « D », mais c'est bien une réécriture du succès napolitain. Francesco appelle aussitôt son producteur, lequel, tout en contenant son émotion, lui demande le fichier. « Je le veux personnellement », murmure-t-il. Les mois suivants, Francesco retrouve ainsi une vingtaine d'adaptations des chansons de Cesare Bixio dans différents camps, et dans plusieurs langues. *Mamma, son tanto felice*, donc, mais aussi *Parlami d'amore Mariù*.

Dans la prison romaine de Regina Coeli, elle est détournée en *Vendici una mela, Noè* (« Vends-nous une pomme, Noé ») alors que les pommes sont rationnées. À chaque découverte, Francesco envoie à Franco la partition de sa trouvaille. De quoi nourrir ses archives personnelles en attendant de boucler leur œuvre commune : l'encyclopédie.

Barletta, 13 octobre 2011

Barletta n'est pas une ville de pluie.

La nuit dernière, une grosse averse a rincé les dalles du centre historique. Les flaques font des piscines, les pas glissent, le linge suspendu aux fenêtres est trempé.

Comme chaque automne, le cirque aquatique Bellucci s'est installé sur l'esplanade, en contrebas du château. Une voiture à son nom tire un requin en plastique arrimé sur une carriole. Le convoi passe et repasse au son gueulard du promoteur qui promet le frisson devant les aquariums. À la nuit tombée, il poursuivra son tour aux abords du port, avant de prendre le rond-point du centre Mongolfiera plusieurs fois pour faire admirer le faux squale. Sans grand succès : Barletta est en deuil, et n'a pas le cœur à la fête. L'autre jour, une maison s'est écroulée via Roma, engloutissant les corps de cinq travailleuses à quatre euros de l'heure. Elles rapiéçaient le tissu avec des bouchons dans les oreilles, dans le boucan des machines à coudre, quand l'édifice a cédé sur leurs têtes. Il était tout juste midi. Dans les heures suivantes, les pompiers ont sondé les éboulis à mains nues. Ils ont essayé de faire taire la foule, massée dans la rue, pour percevoir les cris de détresse. Tout le monde s'époumonait. Le lendemain, les voisins ont disposé des bougies rouges sur le trottoir. Des prières ont été affichées en ville en mémoire de Matilde Doronzo, Antonella Zaza, Tina Ceci, Giovanna Sardaro et Maria Cinquepalmi.

Aucune église n'était assez vaste pour recueillir les pleurs de Barletta. La cérémonie a eu lieu en plein air, sur la piazza Aldo-Moro, devant les caméras de télévision. C'est Paolo, l'ami de Francesco, qui a dirigé l'orchestre.

Les jours ont passé, bientôt une semaine. Une pelleteuse impatiente croque déjà les restes de ruines. Tout un bric-à-brac dépasse des gravats : un vélo d'enfant, des objets du quotidien, concassés, désarticulés. Des badauds discutent devant les barrières, lèvent les yeux au ciel en faisant le signe de croix. Sur le seul pan de mur encore debout, un petit cadre de bois a résisté : Madonna dello Sterpeto, la sainte locale, pose ses yeux mélancoliques sur ce triste tableau.

À quelques kilomètres de là, dans les faubourgs, la pluie a transformé la via dell'Industria en un bayou puant. Les détritus flottent dans le caniveau. Même les chiens sont aux abris.

Francesco a invité les copains pour une pizza à la maison.

Angelo est arrivé en avance, par le train, depuis Fasano. Grazia est allée le chercher en voiture à la gare. Le petit baryton connaît les moindres ressorts du lit de camp qu'elle déplie pour lui près du piano après les sessions de répétitions nocturnes. Angelo repartira par le train de 6 heures pour être dans les temps à l'école. Il a tout prévu : un pyjama dans le cartable, plusieurs tricots de peau sous le pull contre l'humidité.

Angelo a de jolies manières, des yeux marron, et une petite bouille grise qui dodeline. Quand il parle, il bat la mesure et sait trouver le mot juste, quelquefois en allemand ou en français. C'est un perfectionniste, fasciné par le travail de Francesco, même s'il ne sait pas toujours ce qu'il mijote dans son bureau. « Tes archives sont plus secrètes que celles du Vatican ! » lui lance-t-il dans un sourire de Sphinx.

Avant de croiser le chemin de Francesco, Angelo n'avait jamais entendu parler des artistes dont il est devenu l'interprète-vedette dans leur orchestre. À ses yeux, cette musique-là est avant tout une évasion, un sauvetage, l'intelligence qui refuse de s'éteindre.

Paolo, l'homme-orchestre de la cérémonie mortuaire, arrive en retard, comme d'habitude. Il manque de fracasser la porte d'entrée en déboulant dans la salle à manger, et se précipite pour donner l'accolade à Angelo, son complice du duo reconstitué de Westerbork.

– *Aù* ! Johnny !

– *Ciao*, Jones ! Comment tu vas ?

Paolo s'attable, le jean remonté sous les bras, un polo kaki sur son marcel blanc. Les autres ont déjà fini de dîner mais Grazia a gardé une portion d'ogre, deux, trois, cinq plats différents. « Rassure-moi, elle a bien été "cachérisée" ta pizza ? » lui demande-t-il en riant. Sans attendre la réponse, il roule sa part de margherita comme une cigarette et l'enfourne en une bouchée dans son gosier de pélican.

Il est capable de tout, l'ami Paolo. De blaguer sur des toilettes bouchées en pleines Journées mondiales de la jeunesse. D'imiter Rabbi Jacob en tournant autour de Francesco qui s'énerve un peu. Mais il sait aussi redevenir sérieux dans l'instant. Il connaît le poids de l'obsession de son ami juif. Lui, le catholique pratiquant, qui ne rate jamais la messe, s'est mis au yiddish pour interpréter les chansons des camps. Et quand il prononce le nom du Dieu juif dans sa chanson, il revêt toujours la kippa par respect. Peu à peu, dans la foulée de Francesco, il s'est fait happer à son tour par ce projet fou. Chez lui, il y a quatre-vingt pour cent des copies des huit mille photographies digitales des partitions récupérées ; deux disques durs avec des interviews, une sauvegarde complète de l'ordinateur et dix cartons de partitions. Il n'y a qu'en lui que Francesco ait assez confiance pour entreposer une partie de son trésor hors de la via dell'Industria. Paolo a entrepris la digitalisation de tout leur fonds, au scanner, et, quand la partition est trop grande, en la photographiant.

Ce soir encore, les trois compères et Grazia ne parlent que de l'encyclopédie. De toute manière, de quoi d'autre pourraient-ils bien parler ? Du Milan AC de Paolo ? Du palmarès des pizzérias de Barletta ? Des cancans du conservatoire ? Tout cela devient annexe quand ils se retrouvent. Surtout aujourd'hui : l'heure est grave, les enregistrements sont en suspens, en hibernation forcée. Les finances sont à sec, et le *dottore* Bixio, le producteur romain, a mis le projet en pause, le temps de préparer la sortie officielle du coffret de vingt-quatre disques. Via dell'Industria, on s'en inquiète : certes, ça fait des galères en moins, mais il manque quelque chose dans la vie des musiciens du Sud. Ce parfum de folie, ce défi de Titan lancé avec des bouts de ficelle, ces enregistrements express qui obligent à la perfection en trois prises. La bouche pleine des pâtisseries maison préparées par Grazia, les copains chroniquent la vie musicale des Pouilles. Untel a fait un concert à Trani, un autre aurait des projets à Rome... Tout cela est bien moins excitant que l'encyclopédie, que l'Histoire. Et voilà qu'entre deux bières, les souvenirs de l'enregistrement en slip ressurgissent. Oui, il faut remonter le « super-groupe », il est temps que l'orchestre se reforme.

Harry Berry

Camp de prisonniers de guerre d'Omori, Japon, 1945

Le soldat Berry chante que tout va bien. Il fredonne *Ijo Arimasen*, en japonais, la langue de ses tortionnaires.

Ce soir de mars 1945, la nuit est tombée sur le camp d'Omori mais le ciel est clair comme en plein jour. Au loin, Tokyo brûle. Les boules de feu qui embrasent les cieux offrent un jeu de lumière au petit concert des prisonniers britanniques, tous membres du 5e régiment d'artillerie de Sa Majesté.

« *Ijo Arimasen...* », reprend Harry Berry, « *Everything's OK* ». Oui, tout va bien. En attendant la liberté...

Ce blondinet presque trentenaire, traits d'adolescent, long nez fin et menton en galoche, chante en pensant à la journée de chien qu'il vient de passer avec ses camarades. Un jour de plus à la merci des Japs, jamais avares de brimades, ni de coups de trique.

Cela fait plus de deux ans que les *boys*, dépenaillés, affamés, affaiblis par les maladies, sont utilisés comme bêtes de somme pour soulever des cargaisons de vivres dans le port voisin. Leur quotidien : décharger les richesses de l'Empire japonais avant de rentrer, le soir venu, dans leurs hangars pour attendre une maigre ration de riz. C'est là qu'ils ont monté un dancing de fortune. Debout sur l'estrade, Harry Berry est à la manœuvre. Harry le journaliste, le p'tit gars des faubourgs du nord de Londres, croque leur quotidien de détenus en couplets aux rimes imparables. Sa voix nasillarde, son accent cockney, son humour *british* font oublier un temps la fureur des bombes.

D'abord, quatre vers d'introduction, pour bien capter l'attention des copains :

Now tho' you haven't so much time for studying
Of many foreign languages it's true,
Yet here's a phrase that's really worth remembering
Just listen whilst I translate for you[1]...

1. « Même si tu n'as plus trop l'occasion d'apprendre / les langues étrangères On ne peut pas le nier, / Il y a une phrase qui vaut le coup d'être retenue / Écoute bien : je vais te faire la traduction... »

Et puis le hit :

Ijo Arimasen, *you must learn to say...*
'Cause Ijo Arimasen, *means everything's OK*
When you're feeling lowdown
And things look far from bright
Say Ijo Arimasen, *that means everything's all right*
Don't let troubles trouble you
Do the same as me
Bango all your blues away
Ichi, ni, san, see
So when the day seems dreary,
But you're on that final ton,
Sing Ijo Arimasen, *that means everything A.1* [1].

À Omori, Alcatraz asiatique où l'hiver est glacial et l'été torride, il n'y a guère d'autre distraction que ces spectacles pour amuser les prisonniers du 5e régiment. C'est en prenant la posture de l'observateur, du reporter, que Harry Berry a accumulé la matière première de ses compositions. L'une d'elles, *The Bucket Swing*, évoque les seaux utilisés pour transporter les rations de riz. Le

1. « *Ijo Arimasen*, tu dois savoir le dire / *Ijo Arimasen*, ça signifie que tout va bien / Quand t'as le moral au plus bas / et que les choses s'annoncent mal / dis *Ijo Arimasen*, ça signifie que tout est OK / Laisse pas les ennuis t'accabler / Fais comme moi / balance tes problèmes loin de là / Un, deux, trois, quatre / Alors quand la journée s'annonce triste / Mais tu es sur cette dernière tonne / Chante *Ijo Arimasen*, ça veut dire que tout est au top. »

contenu de ces mêmes gamelles – parfois enrichi de poissons à la fraîcheur douteuse – fait l'objet d'une ballade intitulée *It's Fish*. Quant au morceau préféré du public, *Song Without Words*, il est consacré aux souvenirs auxquels les gars s'accrochent. D'un titre à l'autre, la mélodie est facile à reprendre, elle peut s'accompagner d'un « tap tap tap » sur des bidons d'essence ou de simples sifflements.

Physiquement, Berry est loin d'être le plus costaud, mais il a un mental de fer. Son secret, préservé comme le plus précieux des trésors, a la taille d'un timbre-poste : une photo d'identité de son épouse, Gwen, en robe à carreaux, avec son teint de poupée et ses yeux doux. Quand il l'a connue, elle était comptable au *Star*, un important quotidien du soir. Lui, il était secrétaire, puis assistant éditorial, après avoir débuté dans la vie comme pianiste dans les orchestres de bal. Il est devenu rédacteur, ils se sont aimés, et mariés.

Trois mois après leur mariage, au printemps 1941, Harry est appelé par l'armée. À vingt-quatre ans, le voici incorporé au 5e régiment d'artillerie. Direction : « les Indes », bien loin de celle qu'il appelle sa « *darling wife* » dans ses lettres [1].

1. *My Darling Wife* est le titre d'un livre publié par Linda West, la fille de Harry et Gwen, en 2004, reprenant les lettres de Harry et ses notes de guerre.

Dans la région de Peshawar, les troupes britanniques doivent sécuriser les vallées stratégiques du nord-ouest. Puis, quand l'ordre est donné de rejoindre la Malaisie, le 5e régiment est jeté dans la gueule de l'ennemi, la puissante armée impériale japonaise, qui tisse sa toile sur toute l'Asie. Arrêtés sans condition en février 1942, les Britanniques sont d'abord emprisonnés au camp de Changi, à Singapour, point de départ de près de cinq années de détention. Une épreuve à laquelle cent cinquante-six des cinq cent quatre-vingt-quatorze gars du régiment ne survivront pas.

Sommés de s'organiser eux-mêmes sur les décombres de leur ancienne base de Singapour, les Anglais aménagent le minimum vital – baraques, paillasses en fibres de coco, latrines. Même si l'armée parvient à maintenir un semblant de commandement, et de discipline, cette prison fantoche, autogérée, vacille entre asile de fous et mouroir géant à mesure que les Japonais font des militaires leurs esclaves. Le climat tropical, les maladies inconnues, la promiscuité et la nourriture[1] mettent à mal les organismes et minent le moral des plus endurcis. Et pourtant, un journal circule : *The Rumorist*, une création de Harry Berry. Lui-même revendique un

1. Les gardiens délivraient une dose calorique inférieure à la moitié des besoins humains pour chaque détenu. La nourriture était souvent avariée, et les portions de riz envahies de charançons (insectes de la famille des coléoptères).

tirage régulier de... six feuilles de papier carbone sorties de sa machine à écrire, qu'il a réussi à garder. Sur ces feuilles aussi fines que du papier à cigarette, il diffuse des nouvelles pas toujours vérifiées, gonflées par des titres sensationnels (« Libération imminente », « Assauts britanniques au Cambodge »...), auxquelles il se prend à croire.

Au milieu de ce camp où les fiers Britanniques se transforment en crève-la-faim, une sorte de théâtre a été installé dès le deuxième jour. La Changi Concert Party propose un programme allant de la variété aux sketches humoristiques. La scène, éclairée par des phares automobiles, accueille vite un piano et une batterie. De quoi permettre à Harry de composer et d'interpréter ses premières chansons. À commencer par le *Dawberry Swing*, en duo avec le soldat Dawson (alias Daw) :

The Dawberry swing
Will make you swing,
Make you dance like anything
The Dawberry swing will swing your blues away
[...][1].

Ce swing ne dure qu'un temps. Le Japon ayant besoin de main-d'œuvre sur d'autres lieux, le

1. « Le Dawberry swing / va te faire chanter / te faire danser comme rien d'autre / Le Dawberry swing va faire valser tous tes soucis... »

5e régiment doit quitter Changi. Entassés dans les cales de l'*England Maru*, un « *hell ship*[1] », les Anglais traversent la mer de Chine, jusqu'à l'île de Formose, alors sous contrôle japonais. Exténués, tenant à peine debout, les officiers britanniques sont montrés aux passants, dans les rues de Taipei, comme autant de prises de guerre, avant d'être confinés dans des huttes en bambou d'un camp situé à quelques kilomètres de la ville. Harry, désormais privé de sa machine à écrire, est contraint aux travaux forcés, comme ses quelque cinq cents codétenus. Pendant près d'un an, entre fièvre et dysenterie, il participera à divers chantiers : creusement d'un lac artificiel, construction d'un chemin de fer...

Un jour, il est convoqué par un administrateur du camp : il doit embarquer à bord du prochain bateau pour Tokyo. De là, pense l'ennemi, il pourra servir la propagande, en sa qualité de journaliste. C'est mal le connaître : sitôt parvenu au Japon, il refuse de collaborer. En représailles, les Japonais l'internent dans l'un des pires camps de la banlieue tokyoïte, avec double dose de travaux forcés. C'est

1. Les « navires de l'enfer » étaient utilisés par les Japonais pour transférer leurs prisonniers durant la Seconde Guerre mondiale, dans des conditions de traversée inhumaines. Ces navires, surchargés, étaient aussi des cibles pour les sous-marins alliés qui ignoraient alors que les cales étaient remplies de prisonniers. L'*England Maru* où avait été transporté Berry sera coulé le 17 mai 1943.

là, à « Omori POW camp », qu'il écrira *Ijo Arimasen* (« Tout va bien ») et ses autres succès.

Tout en distrayant les *boys*, le showman poursuit sa correspondance avec son épouse, Gwen. Il lui raconte comment il vole de la nourriture lors des opérations de déchargement sur le port, ou comment il compense le manque de lipides en se jetant sur le coprah (albumen de noix de coco séché). Il lui dit aussi comment il se moque de ses geôliers en inventant un nouveau langage (« *white mice* » pour dire « riz », « *Tate & Lyle* » pour « sucre »...). Et comment ils arrivent, avec les copains, à s'amuser avec un personnage inventé, un certain Harry Grible, responsable de tous leurs maux (« *Blame it on Grible* » deviendra le refrain d'une chanson)...

Harry aime tant sa « *darling wife* » qu'il l'inonde de lettres qui, mises bout à bout, composent un beau roman d'amour. Lorsqu'un jour un télégramme venu d'Extrême-Orient arrivera à leur domicile d'Ealing en indiquant simplement « *Missing believed killed*[1] », Gwen n'y croira pas, et elle aura raison.

Au printemps 1945, quand Tokyo brûle sous les bombardiers américains, les marchandises soulevées par les prisonniers se comptent en tonnes, la liste des bêtises du mystérieux Harry Grible remplirait un annuaire de la Royal Mail, et les chansons

1. « Porté disparu, présumé mort. »

de Berry un double album. Quelques semaines à tenir, et l'été 1945 apportera ses promesses de liberté.

Le jeune Londonien compose sa dernière chanson dans l'euphorie des jours précédant la libération. *I'm Dreaming That I'm Steaming (on a Steamer Home to You)*. Il y raconte son retour vers sa belle, à bord d'un bateau à vapeur. Un texte prémonitoire : trois jours après le show, le camp est libéré par les soldats américains.

Le voyage du retour durera plus de trois mois. Manille, Pearl Harbour, puis San Francisco, où, dans la baie, les soldats sont accueillis par une bannière « *Welcome home, boys* » accrochée sur l'îlot de la prison d'Alcatraz. Le périple se poursuit par Chicago, Halifax, et enfin à travers l'Atlantique à bord du paquebot *Queen Elizabeth*.

Harry ne se sent vraiment libre qu'à la sortie de la gare de Charing Cross, au cœur de Londres. De là, conduit par une femme du WVS[1], il parcourt les banlieues nord-ouest. Il se dit qu'elles n'ont pas trop changées, les rues de sa jeunesse. Puis, il s'avance à pas calmes jusqu'à la porte de leur maisonnette. Sonne. Attend. Gwen ouvre. « Tu es en avance... Tu avais dit que tu rentrais ce soir et je

1. Le Women's Volontary Service est une organisation bénévole composée de femmes dont le but était, durant la Seconde Guerre mondiale, de fournir une aide aux réfugiés et aux soldats (vêtements, nourriture...).

voulais me faire belle pour toi », dit-elle en tombant dans ses bras. « Tu n'as jamais été aussi belle », lui répond-il en l'embrassant.

Harry Berry retrouve son poste au *Star*. Leur fille, Linda, naît en 1947. Il rejoint ensuite une agence de presse à l'aéroport de Northolt, d'où il couvre les allers-retours des célébrités. Ses articles sont signés de « notre correspondant diplomatique », mais aussi « *fashion editor* », selon la teneur des papiers. Avec le développement de l'aéroport de Heathrow, Berry change de métier en 1953 : il entre au département des relations publiques de la compagnie aérienne BEA (British European Airways). Son coup de maître date de 1963, à l'occasion de la première tournée européenne d'un groupe de rock anglais au succès grandissant : les Beatles. Berry convie les photographes sur le tarmac de Heathrow. Les quatre garçons dans le vent posent sur la passerelle de leur avion. Le premier de la file, le batteur Ringo Starr, se positionne à côté des lettres « BEA » peintes sur la carlingue, et brandit à leur suite une pancarte avec les lettres « TLES ». « BEATLES ». Le cliché fera le tour du monde.

Si Berry n'a pas son pareil pour mettre les « clients » dans la lumière – et ouvrir son bureau aux stars lorsque les groupies sont trop excitées –, il ne parle guère de sa musique. Berry le communicant ne fait pas tout un foin du *Dawberry Swing* ou des ballades douces-amères du camp d'Omori. Ses compositions-là, il les garde pour lui.

Une fois à la retraite, en 1979, il parcourt la planète avec Gwen, se rend même jusqu'en Asie, sur les lieux de sa captivité. Harry décèdera le 19 janvier 2004, moins d'un an après son épouse.

En rangeant leur maison, et notamment la collection de CD de jazz, Linda West (née Berry) découvre quelques cassettes audio. Elle met la première dans le lecteur et presse le bouton *play* : une voix de vieil homme, pas très assurée, murmure des chansons jazzy, et des swings lancinants, accompagnés de quelques accords à l'orgue électrique et d'une boîte à rythmes sommaire. Harry Berry, à près de quatre-vingts ans, s'était enregistré, sans le dire à personne, avant de tout oublier. Huit chansons-testament.

Linda West décide de publier les lettres de son père et ses carnets de guerre, conservés à l'Imperial War Museum de Londres. Sur un site Internet dédié à ses parents, elle met en ligne les chansons retrouvées au milieu des piles de cassettes et de disques.

Pendant ce temps-là, du côté de Barletta, Francesco Lotoro a déjà dépassé les « limites juives » de sa quête et étendu ses investigations à la géographie mondialisée de la guerre. Avec le Français Émile Goué, il a repéré ces officiers et soldats français virtuoses. Se sont ainsi ouvertes les portes des stalags, oflags, et, autres camps de POW (prisonniers de guerre) tout autour du monde : le front de l'Est, la Mandchourie, le bagne australien, et le camp d'Omori, au Japon.

Grâce au site de Linda, qui propose à la fois les paroles et les enregistrements de son père, Francesco retranscrit les partitions avant de la solliciter par e-mail. Ils entament une correspondance. Elle lui envoie le livre sur ses parents, mais Francesco goûte peu les histoires d'amour. Seules les chansons l'intéressent. De Londres à Barletta transitent des photos dans un sens, des partitions dans l'autre. Des questions, des réponses, des attentes. Jusqu'au mois de janvier 2011, où l'orchestre Musica concentrationaria de Francesco prend ses quartiers d'hiver à Rodi Garganico, promontoire rocheux du nord des Pouilles…

Sur la côte adriatique, les transats ont été remisés, les hôtels-club sont vides, la plage est triste. Francesco a réuni une trentaine de musiciens pour s'attaquer au CD 18, consacré à ces soldats coincés au bout du monde. Un disque où Berry le Londonien occupera une place de choix, au côté notamment du colonel américain Edmund Lilly, dont les chansons ont été conservées en Pennsylvanie. Comme Harry Berry, les soldats-compositeurs parlent des femmes laissées à la maison, du retour au pays, ils proposent une musique de bar enfumé, qui sentent le scotch et le graillon, des refrains à reprendre entre copains.

La salle mise à disposition par le conservatoire de Rodi Garganico est bien incommode. Le plafond est trop bas, des piliers mangent l'espace. Leo Gallucci, l'ingénieur du son, peine à obtenir une acoustique satisfaisante. De 9 à 13 heures, aucun morceau n'est mis en boîte. On déplace les instruments, on teste toutes les configurations. Rien n'y fait : les guitares s'entrechoquent, la batterie est trop présente. Francesco décide alors de bâtir autour d'elle une sorte de cage avec des plaques de bois, laissant juste une fente nécessaire au contact oculaire entre le batteur et lui.

L'orchestre devient nerveux, certains se dissipent. Francesco hurle, poils hérissés. Entouré de ses musiciens, il fait jouer durant l'après-midi les morceaux nécessitant le plus grand nombre d'instruments, afin de les laisser rentrer chez eux avant la nuit, et de limiter ainsi les dépenses d'hôtel. Il croit les difficultés surmontées lorsque, le soir venu, il ne reste qu'une poignée de morceaux pour le lendemain, en effectif réduit. Mais voilà qu'à 4 heures du matin, il se réveille d'un bond, en sueur : « Le trombone ! Le trombone ! » Il s'étouffe. La veille au soir, il a laissé partir Lucio, le tromboniste, à son domicile du sud des Pouilles, alors qu'il a besoin de ses services pour un morceau du matin. Il lui téléphone : « Je t'en supplie, Luciano, monte dans ta voiture et reviens à Rodi Garganico... J'ai trop besoin de toi... C'est pour *Rarity in Blue*, de William Lowry... » Luciano est revenu. Juste pour quatre minutes d'un vieux blues mandchourien. Le CD 18 a été complété à temps. On n'y entend pas les hurlements de Francesco, ni ses colères contre les musiciens qui envoient des textos ou partent à contretemps, mais le solo du clarinettiste, la voix de matou d'Angelo sur le *Dawberry Swing* de Harry Berry. Quand le chœur et l'accordéon entrent dans la danse, le frisson menace.

Francesco envoie le disque à Linda dans le Cheshire. Elle le glisse dans le lecteur et écoute enfin la musique de son père avec une orchestration complète. « Totalement surprenant et très italien », répond-elle à Francesco, dans un message débordant d'émotion. Sous le plafond trop bas de la salle du conservatoire, l'esprit des *boys* a soufflé sur les *ragazzi* du maestro.

Barletta, 14 octobre 2011

Le maestro n'est pas un sentimental. Dans sa tanière de Barletta, point d'albums photo retraçant les séances d'enregistrement, ni de souvenirs de concerts, encore moins de revue de presse autosatisfaite. Les moments partagés, les bons comme les mauvais, suffisent à cimenter son gang de musiciens. De Foggia jusqu'à Bari, la force de son projet démesuré décide les copains à donner de leur temps pour ses fameuses sessions sous tension, dans des lieux inadaptés, avec, pour récompense, un maigre salaire payé en retard. La vie dans les camps, les destins brisés, on n'en parle pas trop dans l'orchestre – on se concentre sur la musique –, mais chacun est fier, en rentrant chez lui, d'avoir participé à sa manière à la mission de Frangè, d'être partie prenante de cette encyclopédie dont les compositeurs étaient inconnus de chacun avant d'avoir rencontré le pianiste de la via dell'Industria. Le seul fait de jouer *Brundibár* ou Johnny and Jones ici, dans le sud profond de l'Italie, sans l'aide de personne, procure une bouffée d'orgueil.

Pour fédérer ses musiciens, Francesco n'use pas de la séduction. Ça, il n'a jamais vraiment su faire. Avec les médias non plus : les relations publiques, ce n'est pas son fort. Méfiant, il n'aime guère parler de lui, ne fait même pas mine de s'intéresser à l'existence des autres, aux enfants ou à la météo du jour. Le pianiste est un taiseux, sauf lorsqu'il s'agit d'évoquer les partitions en souffrance, les dernières trouvailles, les nouveaux fronts de recherche.

Francesco n'est pas un tendre, non. Les rushes des enregistrements en témoignent : ses mémorables colères font saturer la piste audio. Quand son poil se hérisse et qu'il éructe, en agitant ses mains démesurées, il ne fait pas bon être au pupitre du premier rang. Pourtant, c'est bien lui l'âme du groupe, le guide, toujours capable de surprendre. L'ours Lotoro fascine autant qu'on craint ses coups de sang. Lui seul a le pouvoir de faire vivre des choses extraordinaires, qui changent de la routine en vase clos des conservatoires de sous-préfecture. Son bureau-archives est le point de départ d'aventures inattendues, de rencontres qui modifient le regard sur les autres, sur la vie. Comme l'épisode de Milan Godla et du cymbalum géant.

Celui-là, quand ils y repensent, Francesco et Paolo en rigolent encore. C'était en décembre 2010. L'enregistrement du disque numéro 10 : la musique des Roms. Une histoire qu'ils ne se lasseront jamais de raconter.

Pour reprendre ces œuvres si particulières, nées de la tradition orale des Roms, Francesco a vite compris qu'il ne pourrait pas compter sur ses seuls complices italiens. Il lui fallait investir, enrôler des musiciens d'Europe de l'Est, des champions de l'improvisation. Avec une bourse obtenue par Grazia dans le cadre de l'appel à projets Paix entre les peuples, il a pu recruter les meilleurs à durée déterminée : six jours, montre en main.

Avant de voir débarquer ces solistes, Francesco ne savait pas grand-chose sur les Roms, à part ce qu'on en montre au *telegiornale* : des caravanes, des voleurs de métal et des ribambelles de gosses. Et puis, ils sont arrivés. Un jour mémorable...

À peine passé le portique de l'aéroport, ils font le baisemain à Grazia. Milan Godla, de Košice (Slovaquie), a des chaussures à bouts pointus, des pompes multicolores qui claquent en trois temps quand il marche en boitant. Milan a une prothèse à la jambe et se déplace en s'appuyant sur un bâton. Il est accompagné de Ion Stănescu, alias Nilo, violoniste virtuose de Craiova (Roumanie). Nilo n'a pas de dents sur le devant et compte sur la paie de l'enregistrement pour se faire poser un nouveau sourire. Milan et Nilo viennent avec une violoniste de Bucarest. Tous sont rejoints par Marian Serban, un Roumain internationalement surnommé « le roi du cymbalum ». Un drôle d'engin, le cymbalum : une cithare sur table, sertie de cordes métalliques frappées à l'aide de petits marteaux.

Marian habite à Colleferro, un bourg industrieux situé à une cinquantaine de kilomètres au sud de Rome. Pour l'occasion, il veut jouer avec le plus grand cymbalum de sa collection. Francesco, Grazia et Paolo prennent donc la route pour Colleferro avec deux voitures : l'une pour l'instrument, l'autre pour le « roi ». Marian Serban construit aussi ses propres cymbalums, et travaille d'ailleurs à un modèle plus petit pour les transports. Mais celui réservé à l'orchestre de Lotoro, en bois massif, ne se déracine qu'à trois personnes au moins. Il ressemble – les cordes en plus – à une table de banquet médiéval ou à un baby-foot monumental.

À Barletta, Francesco loge ses hôtes dans le *bed and breakfast* tenu par sa cousine Lucia, le Saint-Patrick, adossé au seul pub du centre-ville, qui n'a d'irlandais que le nom mais sert des mousses généreuses.

Le dimanche 12 décembre 2010, au lendemain d'un concert dans une église désaffectée de Trinitapoli – qui, comme à l'accoutumée, a servi de répétition générale –, l'orchestre Musica concentrationaria et ses quatre recrues s'installent au théâtre Curci de Barletta pour enregistrer dix-sept morceaux en une journée.

Francesco a eu du mal à récupérer les partitions des Roms et des Sinti. La matière première consiste surtout en une poignée d'enregistrements râpeux réalisés au cours des années 1980 dans des villages reculés par Jana Belisova, une musicologue de Bratislava. À l'écoute, on entend des pleurs d'enfant, les bruits de la rue, le miaulement d'un chat. Les textes parlent de la famille, des cheveux rasés, des « cœurs noirs ». Des mélodies ancestrales sur lesquelles ont été rajoutées des strophes dépeignant la vie à Auschwitz, Chelmno, Bełżec et dans les camps slovaques.

Francesco a fait imprimer des partitions, mais les artistes roms n'ont pas besoin de les lire : ils connaissent déjà ces airs par cœur, ils les jouent de mémoire et sans métronome. Milan Godla, l'élégant aux chaussures multicolores, ne parle pas italien, mais on se comprend, un peu en anglais, vaguement en allemand... Il demande aux violonistes de nouer des foulards de couleur autour de leurs hanches, histoire de rappeler la gaîté des spectacles qu'il produit au pays.

L'ami Paolo commande ces génies comme il peut, sans battre le tempo, spectateur halluciné de la scène qu'il est censé diriger, planté dans ce théâtre Curci resplendissant de draps rouge sang et de bois brun. L'acoustique est extraordinaire, renforcée par des panneaux et des étoffes qui restituent le meilleur du son dans les micros disposés çà et là. Mais le chef d'orchestre est sous tension : le gros Paolo, physique de culbuto, ne doit pas bouger car le bois crisse et se craquelle sous ses pieds, ce qui pourrait gâcher la prise.

À la pause de midi, Francesco fait ses comptes : cinq chansons ont été enregistrées le matin. Il en reste douze à achever avant la nuit. Le maestro peine à respirer, il mange sans plaisir, saisi par l'angoisse. Il y a pourtant sur la table du salon, transformée en buffet d'hôtel, trois kilos d'*orecchiette* sauce tomate et roquette, du poulet aux champignons, des haricots en sauce et des fromages variés. Quand les autres rigolent et ripaillent, Grazia craint que son Francesco refile son stress aux musiciens. Il tripote sa montre, fait la toupie derrière les *focaccia*, s'arrime au technicien, puis pousse tout le monde dehors : « Au boulot ! »

De retour au théâtre Curci, les solistes confirment qu'ils sont des travailleurs infatigables. Si l'on doit rejouer deux ou trois fois chaque morceau, c'est uniquement à cause de l'orchestre italien, qui a du mal à suivre le rythme des génies. Le cymbalum géant tonne en déflagrations qui vrillent les tympans. Des « houahouahouahoua » résonnent dans le théâtre plusieurs minutes après le dernier impact sur la corde. Milan, dès qu'on l'appelle, bondit de sa chaise, et chante, en appui sur son bâton. Il est tout le temps parfait. Sa voix, du fond de la gorge au bout des dents, monte et descend, prend des escaliers, court et s'échappe... Sa bouche se plie et se gondole. Au son, c'est comme si un micro était posé sur sa glotte. Il fume et s'enfile des bières qu'un technicien dépose au pied de sa chaise, mais chante, chante, chante. Jusqu'à la nuit, jusqu'à ce que le dix-septième morceau soit enregistré dans les temps.

La veille de leur départ, Francesco, exténué mais soulagé, doit prendre un train de nuit pour Alessandria, dans le nord-ouest de l'Italie. Grazia reste seule avec l'orchestre et ramène, au petit matin, les uns à l'aéroport, les autres à la gare, après être passée à la Poste pour vider son livret et payer tout le monde avant le baisemain des adieux.

Alexander Kulisiewicz

Camp de Sachsenhausen, Allemagne, 1944

Le médecin-chef a tendu l'oreille, et diagnostiqué la folie.

Pour lui, il ne fait aucun doute que le pauvre homme – qui ne cesse de marmonner depuis son admission dans cette infirmerie de Cracovie (Pologne) en cet été 1945, a perdu la raison. Voilà des heures, des jours, qu'il émet une étrange psalmodie, grinçante et rocailleuse à la fois, un flot ininterrompu de mots, de bruits, de sifflements.

Le médecin se trompe. Ce patient polonais, Alexander Kulisiewicz, libéré quelques semaines plus tôt du camp de la mort de Sachsenhausen (nord de Berlin), déroule, à s'en assécher la bouche, la bande-son de ses soixante-dix mois de détention. Il a retenu le moindre couplet des chansons du camp. Les siennes, et celles des gars venus se confier à mi-voix, comme pour transmettre le plus précieux des secrets. « Alex, il reste une place dans ta tête pour moi ? » lui demandaient-ils. Toujours il disait « oui ».

Entre vie et mort, il récite maintenant cette encyclopédie musicale. Dans le vide, d'abord, jusqu'à ce qu'une oreille intriguée l'écoute enfin : une infirmière qui ne croit pas au diagnostic du médecin. Elle saisit un mot à la volée, puis une rime, et une autre encore. Des phrases qui font sens, qui disent la barbarie. Et si ce corps chantant n'était pas fou ? L'infirmière saisit un carnet, et porte noir sur blanc, sous la dictée du patient, la mémoire musicale de Sachsenhausen. Sept cent seize pages de poèmes et chansons. Des mélodies revenues de l'enfer.

Au printemps 1940, lorsqu'il découvre Sachsenhausen, le jeune journaliste Alexander Kulisiewicz se dit très vite qu'il devra à tout prix se souvenir de ce qu'il y vivra, et le raconter après la guerre, afin que le monde sache. Pour tenir cette chronique-là, il n'aura besoin ni de papier ni de stylo : sa mémoire l'aidera ; elle l'a si souvent secouru...

Ce don, il le tient de son enfance en Pologne. Fils d'un professeur de musique et d'un instituteur, il grandit à Cracovie. Doué pour le violon, il joue dès l'âge de huit ans avec un groupe de Roms. Mais un jour, voulant montrer à ses camarades qu'il n'a peur de rien, il empoigne le fil d'une ligne électrique et subit un choc d'une extrême violence. Les nerfs de sa main gauche ne résistent pas : jamais plus il ne pourra pratiquer le violon comme avant. La décharge est si intense qu'elle lui fait presque perdre la parole. Devenu bègue, il est soigné par un hypnotiseur qui lui dit : « Tu peux parler, mais tu dois tout faire en double. Tu dois d'abord t'imaginer ce que tu dois dire, puis l'écrire sur une page blanche et ensuite le lire à haute voix, alors tu ne bégayeras plus. » Depuis, son cerveau, à la manière d'une éponge, absorbe et retient ce que ses yeux voient, ce que ses oreilles entendent.

Après un intermède comme siffleur artistique, puis comme artiste de cirque (comparse d'un clown), Alexander Kulisiewicz entame des études de droit. Antifasciste, pacifiste, il milite à l'Union de la jeunesse démocratique polonaise, critique Hitler dans des journaux étudiants. Fiché par la Gestapo, il est interpellé chez lui en octobre 1939, à l'âge de vingt-deux ans, et envoyé à la prison berlinoise d'Alexanderplatz, où il sera torturé, avant d'être transféré à Sachsenhausen.

Le jeune détenu commence par travailler à la briqueterie du camp, avant de rejoindre la fabrique de chaussures. Pendant quelques semaines, il est incorporé au commando de déchargement du canal, condamné au travail le plus pénible. C'est à ce moment-là qu'il composera *Sous Berlin coule une eau polluée par le sang* sur une mélodie slovaque :

Mon village est si loin d'ici,
Mais il est si beau et si merveilleux.
Dans ce village brille mon soleil,
M'attendent tes lèvres, si chaudes et douces.
Mais cette eau maudite est si noire, si sale.
Tu es si loin de moi, tu es si belle.

Ses créations suivantes seront plus engagées. Il les présentera aux autres détenus lors d'étonnantes soirées.

Ces représentations, évidemment clandestines, ont lieu principalement dans les blocs des prisonniers politiques polonais, tchèques et russes. Elles débutent en général par une discussion au sujet du camp, sur ce qu'on sait – ou croit savoir – de la situation extérieure. Viennent ensuite les poèmes et chansons d'Alex, le *Chant des déportés* et, en guise d'épilogue, à voix plus basse encore, *L'Internationale*.

Alex fréquente aussi le bloc 26, où sont incarcérées des personnalités telles que le futur président de la Tchécoslovaquie Antonín Zápotocký, en l'honneur duquel un concert clandestin est donné en décembre 1941 pour ses cinquante-sept ans. À chaque fois, il faut rester vigilant, se méfier des taupes. En cas de dénonciation, Alex risque la mort. Surtout s'il entonne « Adolf dit adieu... »

La plupart du temps, il se produit en comité restreint, devant une vingtaine de personnes, dans l'intimité d'un dortoir. Plus rarement dans les salles principales, accessibles à cent cinquante prisonniers [1]. D'un « public » à l'autre, il modifie son répertoire. Certains l'adorent. D'autres ne supportent rien, pleurent, sont choqués quand il expose ses idées de façon trop brutale. Dans les blocs des « asociaux » et des criminels, les disputes sont fréquentes. Alex a son caractère, ses certitudes. Au détour d'une œuvre de 1943 intitulée *La Pologne doit redevenir ce qu'elle était*, il tranche : « Ceux qui ne veulent pas entendre doivent s'en aller. »

Quand les surveillants apprennent qu'un Polonais ose les défier de la sorte, ils décident de le faire taire de manière scientifique. Conduit devant le médecin-chef, Alex se retrouve attaché à une chaise. Un aide-soignant apporte une seringue remplie de bacilles de diphtérie pour détruire sa voix. Le responsable du camp, Heinz Baumkötter, est présent, vêtu d'une

1. Jamais Alex Kulisiewicz ne participa aux concerts officiels du camp, ni aux soirées musicales organisées sous le contrôle des gardiens. À Sachsenhausen, comme dans les autres camps du Reich, la musique était pourtant omniprésente. Des concerts étaient programmés dans les grands halls et des performances données pour le plaisir des SS. À Sachenhausen, un orchestre symphonique fut créé en 1942, et les pendaisons organisées le samedi étaient toujours accompagnées par un orchestre composé de détenus.

blouse blanche. L'homme a la réputation d'aimer les « expériences », par exemple, celle qui consiste à regrouper des prisonniers russes dans une pièce et à y jeter une grenade afin d'analyser les capacités de l'engin.

Curieux de connaître les effets de la piqûre, Baumkötter se charge de l'injection. Mais ni lui ni le personnel médical ne remarquent qu'ils sont épiés par deux détenus affectés à l'infirmerie. Avant que le « poison » commence à agir, ces derniers profitent du départ du tortionnaire pour retourner l'armoire à pharmacie et concocter un antidote. Quelques heures plus tard, au grand étonnement des SS, Alex revient à lui, et piaille toujours autant. Pensant que le dosage était trop léger, Baumkötter procède à une deuxième injection. Le duo de sauveurs réplique avec une autre dose d'antidote. À son retour, l'Allemand ordonne au Polonais de lui chanter quelque chose. Kulisiewicz parvient à fredonner une mélodie claire. « Il chante trop bien, ce chien ! se plaint Baumkötter. Encore une injection ! » Troisième seringue. Et troisième dose d'antidote... Cette fois, Kulisiewicz accueille le SS en chanson. Baumkötter finit par lancer au médecin-chef : « Laissons chanter ce bâtard, jusqu'à ce qu'il crève ! »

Alexander Kulisiewicz composera cinquante-quatre œuvres à Sachsenhausen. D'abord *a cappella* (mais avec moult bruits de bouche et sifflements), puis accompagné d'une guitare[1]. D'un bloc à l'autre, ce ménestrel politique résume le quotidien du camp en couplets percutants. Dans *Musulman*, il parle de ces prisonniers surnommés ainsi parce qu'ils sont considérés comme des moins que rien, contraints de ramper pour manger des miettes. Dans *Böhm le noir*, il se moque du gros kapo bossu Wilhelm Böhm, qui entraîne les prisonniers vers le crématorium avec un empressement malsain. En deux ans, il fera brûler dix-huit mille soldats soviétiques. Dans *Mon portail*, Alex évoque le portail du camp, qu'il fixe lors des démonstrations « sportives » consistant à lever les bras et à onduler du bassin le plus vite possible, avant de s'écrouler, ivre de fatigue et de honte.

Ainsi s'écrit la chronique glaçante de Sachsenhausen, où l'humour combat parfois la terreur. Kulisiewicz appelle cela un « reportage poétique », ponctué d'onomatopées et de chuintements, qu'il sort à la demande, et garde en tête pour « après ». Réputé pour sa mémoire d'exception, il est sollicité par de nombreux codétenus. Poèmes ou chansonnettes, ils savent que rien n'est plus fiable que ce cerveau pour laisser une trace de leur passage, une preuve que leur intellect a résisté. Des dizaines, des

---

1. La manière dont Alexander Kulisiewicz s'est procuré une guitare, vraisemblablement en 1943, fait l'objet d'interprétations discordantes.

centaines de mots se graveront ainsi dans l'esprit du jeune Polonais, jusqu'à la libération du camp, le 2 mai 1945, au terme d'une « marche de la mort ».

Une fois rétabli, Alex entame une nouvelle vie. Il se marie, a des enfants, reprend sa carrière de journaliste, devient correspondant à Prague pour un quotidien polonais. Mais Sachsenhausen et ses mélodies le hantent. Depuis Prague, il part à la rencontre d'autres rescapés. Pour parler, d'abord, puis pour réactiver ces airs qui survivent en lui, pour parcourir les bibliothèques, élargir sa connaissance aux autres lieux de détention.

Bientôt, la quête vire à l'obsession. Alexander Kulisiewicz abandonne son poste de journaliste, sa femme le quitte. De retour à Cracovie, il entreprend d'élaborer une carte d'Europe de la musique de la Shoah, en se focalisant sur les lieder (poèmes germaniques) et la poésie polonaise. À l'époque, bien sûr, il n'a pas d'ordinateur, encore moins d'Internet, il enquête par téléphone, voyageant d'un pays à l'autre pour réveiller les mémoires traumatisées. Dans les années 1960, il donne aussi quelques concerts à l'étranger, jusqu'au Japon. Il se produit surtout lors de manifestations antifascistes, gratuitement, en échange des seuls frais de déplacement. Son destin fascine, mais réveille également de terribles haines. En 1965, avant un concert sur la piazza San Carlo de Turin, les services de déminage l'empêchent de monter sur scène : une bombe, posée par un groupe néo-fasciste, menace d'exploser.

Au fil des ans, Kulisiewicz dresse une couverture presque totale des camps polonais. Rigoureux, il conserve tout, même les brouillons, avant de compléter ses fiches, soigneusement tapées à la machine. Il met ainsi au point un système de classement alphabétique par auteur, mais aussi par morceau et par lieu de détention, auquel il inclut les textes des chansons en polonais, leur traduction en allemand et des informations de contexte. Dès qu'il récupère une œuvre, il s'enregistre lui-même à la guitare. Ce travail le portera jusqu'à sa mort, en 1982. L'ensemble de ses archives est alors légué au musée de l'Holocauste de Washington où plus de quinze mètres d'étagères composent désormais le « fonds Kulisiewicz ». Trois mille pages manuscrites, cinq cents chansons provenant de trente-six camps, de la musique de marionnettes, des lieder, des poésies...

En 2002, le responsable du département musical de ce musée, Bret Werb, a commencé à envoyer des documents et des disques à Francesco Lotoro. Des copies de feuilles inexploitées, des partitions à classer. Kulisiewicz n'a jamais réussi à faire publier le fruit de ses recherches. Sans aide pour relever son défi, il s'est heurté à un mur. Même en Italie, où Francesco a récupéré les lettres de refus.

Pour lui, Kulisiewicz demeure le pionnier de la littérature concentrationnaire, celui qui a montré la voie. Pourtant, il avoue volontiers ne pas être un grand fan de son style, de cette voix d'outre-tombe, de ces onomatopées, de ces saccades. C'est très libre. Peut-être trop pour son copain baryton, Angelo. Du moins pour le moment. Angelo et Francesco savent bien qu'ils devront un jour s'attaquer à cette œuvre unique, et répondre à une question cruciale : comment dit-on « maestro » en polonais ?

Barletta, 14 octobre 2011

Mamma Concetta revient de chez le coiffeur. Elle serre son Frangè dans ses bras maigres et bronzés en prenant soin de ne pas abîmer son brushing blond. C'est plus qu'une habitude, le déjeuner chez *mamma*, un rituel. Francesco vient en minibus, et sans bouquet, mais il sait bien que ça lui fait plaisir, à Concetta, de préparer à déjeuner à son « maestro ».

Quand les parents Lotoro ont emménagé dans cet appartement du cinquième étage, en 1983, l'immeuble était du dernier cri, la ville s'étalait, enflait de toutes parts, le béton et le confort moderne gagnaient sur la campagne. Depuis, l'endroit a vieilli, les portes couinent, les murs sont salis. Le panorama aussi a changé : une forêt d'antennes paraboliques masque en partie les collines d'oliviers.

La cuisine des Lotoro est bien conçue. Il y a la place pour la planche à repasser, la télévision tient à côté du réfrigérateur, la *mamma* est à son aise. Sur les murs, les photos des petites nièces se mélangent aux saintes vierges pop art. Ici, on se parle au travers de la télé, ça ricoche sur l'écran, entre des « C'est bon ? » et des « C'est délicieux, *mamma* ». Avec elle, les pâtes sont toujours *al dente*, recouvertes d'une sauce tomate qui a mijoté des heures, la mozzarella se prend à pleine main et se croque d'un coup avant d'exploser en bouche.

Mère et fils se comprennent sans grandes paroles. Concetta sait que son Frangè travaille beaucoup, et à des choses importantes. Papa Giuseppe, un taiseux en pyjama bleu, disparaît dans sa chambre. C'est l'avant-match. L'Inter joue à Catane. Il paye l'abonnement du satellite exprès.

Après la corbeille de fruits, Concetta apporte une soucoupe remplie de Kinder Schokco-Bons et de chocolats Baci. Francesco, quarante-sept ans, a le droit de piocher ses préférés avant de repartir à son piano. Concetta l'embrasse de nouveau. Elle l'a aidé, son fiston. Elle lui a payé des voyages, des livres, des partitions, elle l'a soutenu par des mots d'amour et des gestes d'affection quand son mari le regardait d'un œil plus distant, sans pour autant rater un seul concert.

Ce midi, Francesco ne prendra pas le café ici. Sitôt sorti de l'immeuble, il bifurque le long d'un parking, passe un terrain vague, et parvient devant un bistrot de quartier.

L'endroit est modeste, blotti sous un building trop massif, avec un pont routier pour unique horizon. À l'intérieur, une collection de képis est disposée au-dessus du comptoir. Il y a aussi des minibouddhas le long du mur miroir et des peluches Hello Kitty en vitrine. Le patron, panse généreuse et tablier blanc, essuie ses tasses en bougonnant. C'est Luciano, l'autre fils de mamma Concetta.

Le pianiste avale son *espresso* d'un trait, salue pudiquement son cadet et regarde sa montre : il a juste le temps d'attraper le bus du retour vers la via dell'Industria. En refermant la porte, il jette un ultime coup d'œil à l'affichette colorée qui figure le nom de l'établissement : le Brundi Bar.

Berto Boccosi

Prison de Saïda, Algérie française, 1942

Bertold Hummel

Dépôt de Saint-Bonnet-Tronçais, France, 1947

Munis de masques de chirurgien, protégés par des tuniques blanches empruntées à un oncle croque-mort, Francesco et son copain Paolo pénètrent à pas lents de cosmonautes dans le grenier d'une maisonnette de Senigallia[1].

Le bois est truffé de parasites. Ça grouille en surface. Les musiciens communiquent par signes,

1. Cité balnéaire de l'Adriatique située à une trentaine de kilomètres au nord d'Ancône (Marches).

respirent à peine. Les mains gantées, ils empoignent des sacs-poubelle géants, les saupoudrent de billes de naphtaline et y introduisent des brassées de feuilles de papier cassantes comme des gâteaux secs.

Au bas de l'escabeau, le propriétaire des lieux les attend, bras croisés. L'homme s'impatiente, c'est un nerveux. Il se demande bien comment ces deux excités peuvent patauger dans la vieille paperasse avec autant d'enthousiasme. Cela fait des années que Riccardo Boccosi n'a plus mis les pieds dans ce grenier où pourrissent les partitions et les souvenirs de son compositeur de père, Berto (1910-1985). Il s'apprêtait à jeter tout ce foutoir aux ordures quand les deux dingues de Barletta se sont invités chez lui en le priant de les laisser faire.

Avant de pouvoir manipuler de nouveau le contenu des sacs, entreposés dans un hangar d'Ancône, il faut patienter au moins deux jours. Quarante-huit heures pour que la naphtaline fasse son effet. Un supplice pour Francesco, qui aimerait déjà s'installer au piano, tout déchiffrer, et lever ses doutes. Combien de morceaux ont été épargnés par la pourriture ? Sont-ils arrivés trop tard, avec Paolo ? La récolte de Senigallia est riche en promesses, et en dit long sur les talents de Berto Boccosi. Né à Ancône en 1910, diplômé du conservatoire de Pesaro, il avait commencé dans les années 1930 une carrière prometteuse, dans la tradition des grands compositeurs d'opéras italiens. Mais son service militaire se transforma en déroute dans les sables du désert. Promu capitaine d'artillerie, le musicien, qui ne faisait guère cas de la politique, fut enrôlé dans les troupes italiennes d'Afrique du Nord. Au côté des célèbres Afrikakorps du général allemand Rommel. Au côté du Reich... Défait lors de la seconde bataille d'El-Alamein, à la fin de l'année 1942, l'artilleur d'opérette fut fait prisonnier et reprit son activité musicale sous la surveillance des Alliés, au camp militaire tunisien de Gabès, puis dans la prison de Saïda (Algérie), sur les contreforts de l'Atlas.

De retour à Barletta, Francesco et Paolo commencent par désinfecter la voiture. Puis ils nettoient, sèchent et classent les documents récupérés dans le grenier. Des dizaines de chansons et d'opérettes inédites qu'ils vont cataloguer et ranger dans de grandes boîtes. Des styles variés, du néo-romantique au dodécaphonique. Et surtout *La Lettera scarlatta*[1], un drame lyrique en trois actes, et une rhapsodie pour piano écrits au crayon à papier, les pieds dans le sable nord-africain.

Le petit carnet vert sent le caramel quand on l'ouvre. Les gribouillis s'estompent chaque jour davantage. Le brouillon de la rhapsodie ressemble

1. *La Lettre écarlate* est inspirée du roman éponyme de l'Américain Nathaniel Hawthorne, qui relate une histoire d'adultère dans le Massachussetts (1850).

à un cahier d'écriture de cours préparatoire. Les feuilles jaunies sont durcies. En préambule, figure une déclaration manuscrite de Boccosi, contresignée par les autorités militaires françaises, signifiant que le prisonnier italien a perdu ses bagages et son pistolet Beretta durant son transfert vers le camp. La partition commence juste après. Francesco la connaît par cœur. Il est même capable de repérer les marques de gomme : le compositeur a voulu effacer après coup toute référence carcérale. Une réaction que le pianiste de Barletta a déjà rencontrée chez d'autres artistes. Malgré tout, il reste les traits de crayon qui crevassent la pulpe du papier et que l'on sent sous les doigts. Il avait une belle écriture, le capitaine Boccosi.

Francesco Lotoro a beau avoir une longue expérience, il a peur quand il manipule de tels documents. Il se dresse sur la pointe des pieds, ondule du bassin, grimace comme s'il tenait un fer brûlant au bout de sa pince. « Il faut faire attention car on a de l'acide sur la peau, ça attaque le papier ! »

Voilà quelques mois que le « cas » Boccosi s'est invité dans sa vie. Un peu par hasard, il faut le dire. Un jour d'été, un vieil homme en vacances dans le sud de l'Italie se présente à lui au détour d'un cours de piano, et lui indique un livre, *Italiani a Saida*, dans lequel est mentionnée l'activité musicale d'un certain capitaine Boccosi. Cette piste inattendue vient troubler les critères de recherche de Francesco.

Boccosi était italien, certes. Et prisonnier, donc. Mais il roulait pour l'oppresseur... L'homme de Barletta a l'esprit qui surchauffe. À ses yeux, l'origine italienne de tel ou tel compositeur ne fait pas de différence avec les autres. Chacun a droit à la même attention, génie ou amateur, Italien ou Polonais... À l'entendre, un musicien est international par définition. Aussi patriote soit-il, son travail mémoriel n'est pas lié à la bannière vert-blanc-rouge. En tant que Juif, il estime qu'il a un devoir éthique et humain de faire vivre les souvenirs, les siens et ceux des autres. Et puis, la position de l'Italie durant la Seconde Guerre mondiale revêt des réalités si complexes, entre les lois racistes, les débuts dans les forces de l'Axe, les déroutes, l'expérience de Salò, la Résistance, que cela empêche tout jugement trop tranché. Les considérations morales ne doivent pas dévier sa ligne initiale : trouver et jouer TOUTE la musique des camps. Certes, il connaît mieux l'histoire de son pays que celle des Roms ou des Polonais, mais il doit travailler avant tout en musicien. S'il a repêché cette magnifique *Lettera scarlatta*, combien d'autres partitions sont encore menacées par la vermine dans les greniers des descendants de soldats... Un nouveau pan de la quête s'ouvre. En Italie et ailleurs. Ainsi, un matin de 2006, il recevra un message envoyé d'Allemagne, signé d'un certain Martin Hummel.

Celui-ci parle de son père, Bertold, un musicien allemand reconnu qui a fourni une œuvre substantielle à partir des années 1950. Mais il est question ici d'une période plus ancienne de sa vie, et son fils sollicite l'aide de l'Institut de musique concentrationnaire de Barletta. Dans son message, il évoque des œuvres écrites entre 1945 et 1947 dans une prison française de l'Allier, le dépôt 132 de Saint-Bonnet-Tronçais, où étaient incarcérés des militaires de la Wehrmacht. Bertold Hummel était l'un d'eux, et son fils prie poliment Francesco d'enregistrer sa musique, de faire vivre quelques partitions jamais jouées. Durant ses deux ans de captivité (il s'évadera le 15 juin 1947), Bertold Hummel, vingt ans à peine, participa à l'orchestre officiel du dépôt, composa des quatuors à cordes, des ouvertures classiques et de la musique populaire. Il fit même construire une contrebasse au menuisier local, après lui en avoir fourni les mesures.

Hummel, Wehrmacht, Saint-Bonnet-Tronçais... Les choses sont bien plus complexes, désormais. La musique du « mauvais côté » a-t-elle droit de cité auprès de celle des Juifs, des Roms et des prisonniers alliés ? Le dilemme est d'autant plus délicat, pour Francesco, qu'en cette saison 2006-2007, il doit prendre des décisions importantes. Gérer ses problèmes de trésorerie. Lancer les douze autres CD de l'encyclopédie. Trier les partitions entassées chez lui.

Hier Boccosi, aujourd'hui Hummel... Son horizon se brouille. Jusque-là, ses critères s'arrêtaient en 1945, avec la capitulation japonaise. Mais il y a eu des prisonniers jusqu'en 1953. Au Canada. En France. Dans les colonies britanniques. En URSS, surtout. Doit-on les ignorer ? Le vide se fait sous ses pieds. Après tout, il est musicien, il n'est pas là pour juger l'Histoire. Le spectre de Bertold Hummel hante ses courtes nuits. Il songe aussi à Felix Mendelssohn (1809-1847), ce grand musicien juif, qui avait repris la musique de Bach, le chrétien... Oui, mais Hummel, tout de même... Il a aussi en mémoire le violoniste prodige juif Jascha Heifetz (1901-1987), qui, en 1953, décida de jouer du Richard Strauss – symbole nazi – en Israël, en dépit des pressions et des menaces. Francesco se souvient : un type avait frappé le bras du violoniste à coups de barre de fer à la sortie de son hôtel de Jérusalem. Peut-être s'engage-t-il lui-même sur un chemin dangereux.

Il garde d'abord pour lui ce contact avec la famille Hummel. Puis, une fois les partitions retravaillées, il met l'orchestre dans la confidence. Il comprend alors que les critiques fusent dans son dos. Mais, pour lui, le devoir de mémoire, c'est aussi la mémoire des autres. Quand il présentera son travail en Israël, un silence de mort tombera au moment de mentionner le nom de Hummel. Dans son encyclopédie, il insérera une seule œuvre du soldat de la Wehrmacht : un texte en allemand, dit par Angelo sur une douce mélodie de guitare. Il y est juste question d'amour à la lueur de la lune…

Barletta, 15 octobre 2011

La mélodie sucrée semble sortie d'un piano pour enfant. « Tutitutitu... » Francesco suit la ligne du doigt, au fil des pages qui défilent sur son ordinateur portable. « *Dooolce...* » quand la musiquette ralentit, puis son index tournoie et tout repart. Les notes gazouillent à la façon d'un générique de dessin animé, mais c'est un bon vieux Johnny and Jones, le duo néerlandais de Westerbork, que l'ordinateur conçoit. L'interprète a pour nom Sibelius, un logiciel capable de restituer les notes de piano qui s'égrènent sur des partitions numériques. Il joue tout seul, pendant que Francesco Lotoro suit des yeux les partitions sur lesquelles il a posé les notes, une par une, d'un clic de souris. Un millier d'œuvres sont ainsi conservées dans la mémoire informatique. Sibelius, comme le maestro, ne fatigue jamais.

Avant, Francesco recopiait tout à la main. Il y passait des jours, se râpait les nerfs, s'abîmait les yeux. Depuis 2002, et l'arrivée de Sibelius, ses archives numériques gonflent chaque semaine un peu plus. Il a déjà mis deux disques durs haute capacité en sécurité chez mamma Concetta, dans l'armoire à chaussures.

Le voici qui se tortille, cligne des yeux en grattant sa barbiche sèche. Le halo laiteux de l'écran lui donne un air malade. Les coudes dépliés, engoncé sur sa chaise en bois, il clique sur un fichier intitulé « MEMO » : la liste de tout ce qu'il lui reste à trouver. Les morceaux à gauche, les auteurs à droite, et aussi les références des livres, des cassettes audio ou des vinyles à débusquer. Dès qu'il rentre de voyage, dès qu'il récupère une rareté, il efface son nom du listing. Il y a encore trente-trois pages de morceaux-mystères à découvrir avant que MEMO soit vide.

Depuis 1991 et sa rencontre avec la sœur de Gideon Klein dans une librairie de Prague, l'essor d'Internet a modifié la méthode de travail de Francesco. De son bureau, il a développé un réseau mondial. Barletta est devenue une sorte de « nœud de connections », à partir duquel il a multiplié les échanges, les requêtes. Sa tactique : lancer des lignes et attendre que la pêche remonte. Les œuvres arrivent à lui, jaillissent des abîmes, frétillent dans sa barque solitaire. Il n'a plus qu'à se baisser pour empoigner sa prise. Un jour, alors qu'il cherche des informations sur Bogdan Zins, un pianiste polonais interné autrefois près de Salerne, il commence par écrire à New York, puis reçoit une réponse... d'Afrique du Sud, six mois plus tard, de la petite-fille du compositeur et récupère un morceau inachevé via une bibliothèque... londonienne ! Ces recherches sont d'autant plus périlleuses que le pianiste de Barletta est loin d'être polyglotte...

Dans le fouillis de ses boîtes noires, via dell'Industria, les chansons anonymes se chiffrent encore à environ deux cents. Rien que des partitions retrouvées non signées dans les archives des bibliothèques, musées et autres lieux de mémoire. Des mélodies orphelines impatientes qu'un parent les réclame. Parfois, Francesco connaît leur camp d'origine, mais pas leur auteur exact. Comme cette mystérieuse Polonaise de douze ans, d'Auschwitz 1, qui, à en croire un livre d'Histoire, interpréta un tango de sa composition, en yiddish.

Lorsqu'il sollicite les descendants d'un détenu, muni parfois de maigres indices (un nom sur une liste de prisonniers, une référence dans un article de journal...), Francesco sait qu'il peut être perçu comme un oiseau de mauvais augure venu remuer le passé. Au début, il se heurte souvent à un moment de silence. Puis, l'accueil finit par être chaleureux. Il lui reste alors à prier pour que la quête soit fructueuse.

Un jour, il a suivi la trace de Pietro Maggioli, un organiste de Pesaro emprisonné en Allemagne (Sandbostel, Bisendorf), où il écrivit des messes. En enquêtant dans plusieurs villes d'Italie, Francesco est remonté jusqu'à son fils Diego, à Rome. « Les partitions de mon père ? lui a lancé ce dernier, on a tout jeté quand on a déménagé. Il ne reste rien. » *La Messe des prisonniers*, le *Cantique des créatures*... Tout a disparu.

Francesco joue contre la montre. Les hommes meurent, les mémoires s'éteignent. Or, c'est bien dans les replis du cerveau que sont gravées les mélodies les plus secrètes. Parfois, il entame une recherche à partir d'un simple air murmuré au téléphone, qu'il lui faudra déchiffrer, transcrire, puis ressusciter, comme il l'a fait pour une vieille chanson romaine intitulée *Stella del Porto*.

C'est un article paru en 1960 dans l'hebdomadaire *L'Espresso* qui l'a mis sur cette piste. Il y était question des années de guerre, et d'une certaine Celeste Di Porto, alias Stella ou la Panthère Noire, qui prenait plaisir à saluer les familles juives avant de les dénoncer aux autorités fascistes. Cette femme était, paraît-il, si vile que son propre père, fou de honte, se livra aux nazis. D'après *L'Espresso*, l'une de ses victimes, le boxeur juif Lazzaro Anticoli, dit Bucefalo, écrivit sur les murs de la prison Regina Coeli des lignes assassines contre la traîtresse. Ces mots devinrent chanson. Mais comme la Stella était toujours en vie, on l'entonnait le plus souvent en sourdine. Et le temps fit peu à peu son œuvre d'oubli...

Francesco Lotoro connaissait cette histoire. Seule manquait la musique. Persuadé qu'elle avait survécu dans la mémoire de quelques anciens du quartier juif, il se mit en chasse en lançant un e-mail collectif à divers contacts romains, en espérant qu'ils pourraient lui fournir des indices.

L'obstiné de Barletta obtient ainsi le numéro d'une vieille dame qui, il le sait par l'un de ses amis romains, connaît cette chanson. « Téléphonez-moi demain, je vous la chanterai », lui promet-elle. Mais quand il la rappelle, elle lui lance d'une voix paniquée qu'elle ne veut plus jamais entendre parler de cet air maudit : les descendants de Stella habitent encore le quartier et mieux vaut éviter de remuer ce passé-là. Dans la foulée, un autre ami romain avertit Francesco : « Tu es fou, si tu ressuscites cet air, tu ne pourras plus remettre les pieds ici ! » Heureusement, un troisième copain lui téléphone quelques jours plus tard : « Écoute, Francesco, ma mère était à Regina Coeli, elle se souvient très bien de la chanson. »

Le soir même, après ses cours au conservatoire de Foggia, le maestro prépare des feuilles à côté du combiné et téléphone à la *mamma* de son ami. Pour lui, rien que pour lui, Ester Pace Sonnino chantera quatre fois *Stella del Porto*. À l'autre bout du fil, il trace frénétiquement les lignes de portées sur un bout de papier. « *Signora*, pouvons-nous la reprendre une dernière fois ensemble ? » l'implore-t-il. Et le duo d'entonner *Stella del Porto* :

Stella del Porto, Stella d'Oriente, ne hai fatti
[pianger tanti
Tu fosti la spia di Piazza Giudia.
Voglio cantare cosí una serenata
finchè Stella del Porto viene ammazzata.
Stella del Porto, Stella d'Oriente, chiedon vendetta i morti.
Vendetta, sì, per quella spia[1].

1. « Stella del Porto, Stella d'Orient, tu en as fait pleurer tellement / C'est toi l'espionne de piazza Giudia / Je veux chanter une sérénade / Afin que Stella se fasse assassiner / Stella del Porto, Stella d'Orient, les morts crient vengeance / Vengeance, oui, contre cette espionne. »

Viktor Ullmann

Camp de Terezín, République Tchèque, 1944

Sonnerie de trompette.

« *Hallo ! Hallo !* »

Sur scène, un haut-parleur vocifère.

La vie, la mort, le pouvoir et la folie des hommes sont au programme du spectacle.

Le premier élément sonore reprend le thème de la symphonie *Azraël*, habituellement jouée en République tchèque en de sombres circonstances – drame national ou funérailles. La suite sera à l'avenant. Un opéra éclectique, concentré de musique classique et populaire. Du cabaret, du jazz, des récitations, des excentricités. Une heure de montagnes russes. Comme une succession de « performances », dirait-on aujourd'hui. Et soudain, en plein milieu de l'opéra, s'immisce l'hymne nazi *Deutschland Über Alles*, en mode mineur.

Le *Kaiser von Atlantis* met en scène l'empereur Überall, despote fou à la tête d'un empire corrompu, Atlantis. Quand il ordonne à la Mort de conduire ses armées au front d'une guerre destinée à sa propre gloire, celle-ci refuse, se met en grève : personne ne mourra à Atlantis. À moins que l'Empereur lui-même n'accepte d'être la première victime...

Au premier abord, Atlantis et son Kaiser relèvent d'un univers de science-fiction. Mais cette contrée imaginaire, dont le tumulte est mis en musique de manière avant-gardiste, n'est qu'un calque effrayant de l'Europe du début des années 1940. Une allégorie dont la morale ridiculise l'Empereur diabolique, qui se laisse finalement terrasser par la mort, tandis que ses sujets refusent la guerre.

En signant la musique de cet opéra, courant novembre 1943, le compositeur morave Viktor Ullmann, quarante-six ans, emprisonné au camp de Terezín, se doute qu'il signe en même temps son arrêt de mort. Son acolyte en charge de l'écriture du livret, Peter Kien, peintre et poète prodige de vingt-quatre ans, choisit lui aussi la liberté artistique en dépit des risques. Comme un ultime pied de nez à l'oppresseur, il ajoute ce sous-titre : *La mort abdique*.

Cette partition, bombe politique autant qu'artistique, peut valoir la torture ou la peine capitale à qui s'y trouve mêlé, de près ou de loin. À Terezín, la musique est certes encouragée, mais aucun message négatif vis-à-vis du régime nazi ne saurait être toléré. S'attaquer au Führer à coups de trompettes et de chœurs jazzy est inconcevable.

Les deux auteurs paieront de leur vie cet opéra écrit au dos de fiches d'identité de prisonniers. Le *Kaiser von Atlantis* restera malgré tout le chef-d'œuvre absolu de Viktor Ullmann, le fruit d'années de liberté contrariée.

La montée du nazisme a brisé le destin de cet homme ambitieux et idéaliste, produit du meilleur de la Mitteleuropa musicale. Issu d'une famille juive, bien que son père se soit converti au catholicisme pour faciliter sa montée en grade au sein l'armée austro-hongroise, Viktor Ullmann fait ses débuts musicaux à Prague, en 1919, sous l'égide du maître Arnold Schönberg. C'est un jeune musicien moderne, consciencieux au possible. Il apprend le droit, se passionne pour la philosophie, se forge des convictions pacifistes, jusqu'à observer une pause de deux ans dans sa progression pour découvrir l'anthroposophie[1] et tenir une petite librairie à Francfort, avant de poursuivre ses études musicales. Ullmann, marié (deux fois) et père de famille, publie à compte d'auteur mais ne mène pas pour

1. Courant de pensée créé par le philosophe Rudolf Steiner au début du XXe siècle qui vise à « restaurer le lien entre l'homme et les mondes spirituels ».

autant la grande vie, dans une Prague où la musique est mise sous cloche par le pouvoir nazi. En 1939, alors qu'il se sent cerné, il parvient à sauver ses deux premiers enfants en les envoyant en Angleterre, avant que son second divorce ne le rende plus vulnérable encore au regard des critères de déportation. Un compositeur juif, aux œuvres mises à l'index, apatride et célibataire… Il se marie une troisième fois, échappe au ghetto de Łódź (Pologne), mais repousse juste de quelques mois l'inévitable déportation.

Viktor Ullmann rejoint la cité fortifiée de Terezín avec sa troisième épouse, Elisabeth, dans l'un des convois du 8 septembre 1942. Il y rejoint ses deux ex-épouses et l'un de ses enfants.

Sa réputation lui vaut d'être employé comme critique musical par l'Administration des loisirs. Cette nomination coïncide avec un premier afflux d'instruments dans le camp, surtout des violons. Ullmann en profite pour organiser les répétitions de piano, et chaperonner quelques jeunes musiciens. C'est ainsi qu'il donne des cours de piano au fils adoptif du Dr Epstein, le président du Conseil des anciens, et des cours de théorie musicale à un violoniste très prometteur, Thomas Mandl. Ullmann, toujours à l'avant-garde, dirige le Studio pour la musique nouvelle, qui produit les compositions les plus novatrices.

Il retrouve son souffle créatif en même temps qu'il prend conscience de sa judaïté. Pourtant issu d'une famille juive, il a jusqu'alors développé une sorte d'imperméabilité à la religion. Pour la première fois de sa vie, il enregistre des chants hébraïques et yiddish. Mais un danger le guette : son perfectionnisme maladif. Très critique envers ses propres productions, il n'hésite pas à détruire celles qui ne le satisfont pas, à récrire d'anciennes partitions, il renumérote ses opus, et finit tout de même par composer une première sonate, l'*Opus 39*, pour piano et violon. Toujours prêt à lancer plusieurs œuvres en chantier simultanément, il met en musique les poèmes de son ami le Dr Hans Günther Adler, ainsi que des poésies allemandes, des poèmes chinois et des comptines françaises. En fait, il n'a jamais été aussi prolifique qu'à Terezín, où il lutte contre le temps. Plus de vingt œuvres signées en moins de deux ans. Des sonates pour piano, un quatuor à cordes, plusieurs cycles pour voix, et enfin l'explosion du *Kaiser von Atlantis*.

Se lancer dans l'opéra au sein d'un camp de concentration fait débat chez les musiciens de Terezín. L'exubérance et la frivolité ont-elles leur place ici, où plus de deux cents détenus périssent chaque jour, de faim, de maladie ou exécutés ? Au début, le docteur Adler lui-même était contre. Mais, avec le développement naturel d'œuvres où le compositeur s'insurge contre sa situation personnelle et l'état du monde, cette forme ambitieuse de création s'est imposée comme un débouché naturel.

Le *Kaiser von Atlantis* est écrit pour cinq chanteurs et un orchestre de treize musiciens. Une formation traditionnelle à laquelle s'ajoutent une contrebasse à cinq cordes, un saxophone et un banjo. Ullmann pense à un casting très précis. Au sein du camp, il pioche parmi les meilleurs musiciens du continent : Karel Berman (la Mort), Walter Windholdz (le Kaiser), David Grünfeld (Pierrot), Marion Podolier (la Fille) et Hilde Aronson-Lindt (le Tambour). Ullmann s'attaque au *Kaiser von Atlantis* à l'été 1943, sans en parler autour de lui, avant de s'adjoindre les talents du librettiste Peter Kien. Le 18 novembre, il signe une première version. Le 13 janvier 1944, il met un point final à l'air d'adieu de l'Empereur. Enfin satisfait de lui, il montre le tout à Rafael Schächter, le célèbre chef d'orchestre qui dirigeait notamment *Brundibár* (voir chapitre 3). Schächter sait que la scène utilisée pour les spectacles de cette ampleur, le gymnase Sokolovna, sera disponible dès l'automne. Il est temps de lancer les répétitions.

Menant de front plusieurs projets musicaux, Ullmann termine le 22 août 1944 sa septième sonate, en y ajoutant une limitation de copyright : « Les droits d'exécution sont réservés par le compositeur jusqu'à sa mort. »

Terezín bruisse déjà de rumeurs de départs massifs vers Auschwitz. Les répétitions se poursuivent jusqu'à la fin de l'été. Mais la première, prévue en octobre au gymnase Sokolovna, sous la direction de Rafael Schächter et la mise en scène de Karl Meinhard, n'aura jamais lieu. Les SS, témoins des dernières répétitions, mettent un terme à l'aventure. Ce scénario loufoque où la guerre est tournée en ridicule... Et cet empereur Überall qui fait tant penser au Führer, mais sans qu'on puisse pour autant le dire : c'est une provocation intolérable. Les masques tombent. L'opéra et ceux qui l'ont fomenté sont dans le viseur.

Voilà qu'au moment même où la première devait se tenir, les convois vers Auschwitz redoublent de fréquence. Ullmann et l'orchestre sont les prochains sur la liste. Il n'y a plus d'échappatoire. Quand il le comprend, Viktor Ullmann emballe d'abord les affaires, et surtout les œuvres, qu'il veut conserver auprès de lui. Mais, à la dernière minute, il change d'avis et confie les manuscrits à son ami Emil Utitz, responsable de la bibliothèque de Terezín, le priant de les conserver et de les lui restituer une fois la guerre finie, ou bien, s'ils ne devaient plus se revoir, de tout donner au Dr Adler. Autour d'eux, c'est la frénésie. Dix-huit mille cinq cents détenus sont sur le point d'être transférés à Auschwitz.

Le 16 octobre 1944, Viktor Ullmann, sa femme, et la troupe au complet du *Kaiser von Atlantis* sont embarqués dans le même convoi. À peine parvenus à Auschwitz, ils passent devant le Dr Mengele, qui décide de leur mort d'un geste de la main.

À la fin de la guerre, les précieux documents de Viktor Ullmann sont donc remis à son ami le Dr Adler. Celui-ci émigre en Angleterre et, de là, on n'entend plus parler du *Kaiser von Atlantis* pendant près de trente ans. Longtemps, on le croit perdu à jamais. Jusqu'à ce qu'un chef d'orchestre britannique, Kerry Woodward, découvre la partition au domicile du fils du médecin, en 1972. Pour reconstituer l'œuvre, Woodward a recours aux services de Rosemary Brown, une médium se vantant d'entrer en contact, par l'esprit, avec les grands musiciens décédés. Bach, Beethoven ou Liszt lui dicteraient ainsi des partitions depuis l'au-delà. Sur les conseils supposés du fantôme d'Ullmann, la consultante fait notamment ajouter des trompettes et des flûtes à l'aria de la Mort. En 1975, une version de ce *Kaiser von Atlantis* revisité est donnée à Amsterdam ; le point de départ d'une diffusion mondiale de l'œuvre, sous sa nouvelle forme.

Les disques reprenant cette variante du *Kaiser von Atlantis*, ou ses clones, ne plaisent guère aux puristes de Barletta : au dos des pochettes figure la preuve que des libertés ont été prises avec l'original. Les mentions « *based on...* » ; « *arranged for the stage...* » ; « *musicologist revision by...* » indiquent que les arrangeurs ont tiré partie de la faiblesse des sources musicales pour imposer leur patte sur l'opéra. Inconcevable pour Lotoro.

Déjà, lors d'un voyage au mémorial de Yad Vashem de Jérusalem, en 2008, il avait déniché une version arrangée du *Kaiser von Atlantis*, écrite de la main d'un autre qu'Ullmann, avec des indications en anglais. Bref, il tourne en rond avec ces adaptations trop libres, il lui manque la base, la source originelle.

Quelques mois après sa visite à Yad Vashem, alors qu'il célèbre Yom Kippour à Trani, Francesco Lotoro fait la connaissance d'un couple de Suisses en vacances. Dans la synagogue Scolanova, entre deux prières, Francesco leur parle de sa quête, évoque Ullmann et les difficultés qu'il a à obtenir la partition originale. « Je suis de Bâle, et ma meilleure amie est responsable des archives musicales de la fondation Paul-Sacher[1], lui annonce la jeune femme. Elle s'appelle Heidi Zimmerman, je vais vous mettre en contact avec elle. Elle vous aidera, c'est sûr. » Francesco ne croit pas au hasard : ces Suisses-là, il le sait, devaient croiser sa route.

1. La Paul-Sacher-Stiftung est une bibliothèque musicale qui compte l'une des plus riches collections de manuscrits au monde. Elle a été créée par le chef d'orchestre et industriel suisse Paul Sacher (1906-1999), devenu un important mécène de la musique classique.

Ruiné par l'enregistrement des swings des soldats américains et britanniques, il délègue à son copain Paolo la mission de retrouver les partitions du *Kaiser von Atlantis* en Suisse. En décembre 2008, celui-ci commence par dégoter, sur un site Internet de promotions hôtelières, une chambre économique au centre de Bâle, la ville la plus chère d'Europe. Sitôt installé, il file à la Fondation. Comme il ne parle ni français ni allemand, il se fera comprendre par gestes.

Sa visite a été préparée. On le conduit jusqu'à une longue table munie d'un appareil de lecture des microfilms. La version originale du *Kaiser von Atlantis* est posée là, prête à l'usage. Outre la partition en elle-même, il découvre des brouillons, des corrections et des ajouts dont le dernier est daté de trois jours avant le départ pour Auschwitz. Paolo va rester six jours sur place, ne voyant de Bâle que la Fondation, la Marktplatz et ses soupes chaudes, et un supermarché qui écoule à moins cinquante pour cent les sandwiches du jour et les salades en barquette bientôt périmées. Lorsque les annotations embrouillées d'Ullmann le laissent perplexe, il obtient de travailler directement sur l'original, sans avoir à plisser les yeux devant le microfilm.

De retour à Barletta, Paolo et Francesco s'attablent devant Sibelius et mettent au propre les trouvailles de l'expédition suisse. Sous leurs yeux se recrée un opéra d'une heure. Un chef-d'œuvre,

Francesco le sent bien. Chaque mois, il envoie une vingtaine de pages de partitions à ses musiciens et à ses chanteurs. Le *Kaiser von Atlantis* exige une longue préparation et ne souffre pas l'imperfection.

Le 11 mars 2011, dans l'église Sant'Antonio de Barletta, la version originale du *Kaiser von Atlantis* est jouée en première mondiale. Lotoro l'organise en formule « semi-scénique », moins coûteuse : on chante avec la partition devant les yeux, et on ajoute juste les costumes et quelques accessoires – un pistolet factice, un téléphone, et un miroir vide d'où apparaîtra la mort. Sur un écran blanc, derrière, sont projetées des images de la galerie des Glaces de Versailles.

Francesco a fait venir deux chanteurs qui connaissent déjà l'œuvre pour avoir participé à une autre version à Milan. Stefano Anselmi joue un Kaiser grimé en Napoléon. Filippo Castiglioni est l'Arlequin (le texte original parle de Pierrot – moins bouffon – mais c'était pour tromper la censure). Un Russe énorme qui vit à Milan, Ilia Popov, tient le rôle de la Mort (en costume allemand) avec sa voix de basse à faire fissurer les vitraux. C'est un monstre trapu qui occupe deux octaves. Lotoro l'a déjà entendu chanter du Benjamin Britten à Bari. Ce jour-là, il avait noté son nom sur un carnet. Pour interpréter le soldat Bubikopf, voix soprano, il fait appel à Anna, la femme de Paolo.

Cette première mondiale se déroule dans l'indifférence générale. Lotoro ne bénéficie d'aucun soutien institutionnel. À peine un article d'annonce dans la *Gazzetta del Mezzogiorno*. Le public est clairsemé, les bancs du fond sont vides. Si l'on retranche les familles des artistes, il ne reste pas beaucoup de curieux. L'église sonne creux.

Le lendemain, la troupe part tout de même enregistrer l'opéra à Bari, dans des studios gigantesques, pour compléter l'encyclopédie. Les musiciens hissent l'harmonium dans le fourgon d'un ami. Francesco loue un clavecin d'Ostuni, avec un clavier double et une pédale spéciale.

Au plus fort des dépenses, une fois les dernières notes du *Kaiser von Atlantis* envolées, il compte une dette record. L'opéra d'Ullmann vient d'alourdir l'ardoise de vingt-cinq mille euros, alors que Grazia avait planifié huit mille euros dans leur budget prévisionnel.

Le sage *dottore* Bixio, à Rome, sent que son pianiste en fait trop. Au téléphone, Francesco lui parle encore d'un projet global de quarante-huit disques, d'un nouveau planning d'enregistrements. Le producteur le convie dans son bureau romain et lâche la sentence d'une voix de velours : « Francesco, pour l'encyclopédie, il va falloir s'arrêter à vingt-quatre volumes, au moins pour le moment. C'est pour ton bien. » Le pianiste peine à ravaler sa déception, mais il comprend que le rythme n'est plus tenable. Pour payer le loyer de l'appartement et le cachet des musiciens, il contracte deux prêts, un en son nom, l'autre en celui de Grazia. Il revend sa collection de disques au *dottore* Bixio. Tout Chopin, tout Bach, tout Debussy quittent Barletta, direction Rome. De quoi dégager de la place sur ses étagères pour la musique des camps.

Son projet le plus ambitieux, la redécouverte du *Kaiser von Atlantis*, l'une des œuvres les plus emblématiques de cette époque, s'est muée en désastre économique. Si sa quête était un business, il ferait banqueroute, comme les usines de chaussures de la via dell'Industria.

Barletta, 16 octobre 2011

« Un jour, je deviendrai fou. »

Devant sa bibliothèque, Francesco Lotoro bouge en crabe. Le cou tiré, puis rentré, sa grosse tête qui roule sur ses épaules voûtées, il souffle du nez, saisit un carton bleu, y fourre sa tête, en tire un paquet de partitions, lève ses bras au plafond, inspire bruyamment, et le fracasse au sol en lâchant un râle animal.

Noyé dans sa musique, il suffoque.

« J'ai si peur... Peur de perdre mes partitions dans mon propre bureau. »

Jozef Kropinski

Camp de Buchenwald, Allemagne, 1944

À Buchenwald, les SS eux-mêmes craignent de s'attarder au sein du département de pathologie. Surtout dans la chambre de dissection, où les laborantins analysent les cadavres, incisent l'épiderme, extraient les organes, étudient la réaction de leurs cobayes aux tests d'explosion de grenades, et à toutes sortes de virus et de poisons. Les prélèvements sont ensuite acheminés vers l'académie médicale de Graz ou l'institut d'hygiène de Berlin pour y subir des analyses plus poussées. Les blouses blanches de Buchenwald récupèrent également sur les cadavres tout ce qui peut avoir de la valeur : les dents en or mais aussi la peau. C'est même une « spécialité » locale : travailler la peau tannée pour confectionner des porte-monnaie, des abat-jour, des gants ou des couvertures de livre, offerts aux visiteurs de marque.

Chaque nuit de janvier 1944, un prisonnier polonais se glisse dans cette sinistre annexe du crématorium. Seul au milieu des écorchés, des peaux pendues et des réserves de formol, Jozef Kropinski compose. À la lueur vacillante d'une bougie, ce musicien de vingt-neuf ans écrit l'œuvre qui sera la plus riche jamais retrouvée dans les camps. Imperméable à l'odeur de mort, il noircit des partitions dont chaque note constitue un acte de résistance. Des chansons folk, des marches, des lieder : son répertoire est varié, adapté aux demandes des autres prisonniers. Chaque œuvre est signée et datée précisément, même les heures sont indiquées : 2, 3 ou 4 heures du matin.

Jozef Kropinski est membre du Comité international clandestin[1], une organisation qui a réussi à faire du département de pathologie une sorte de QG. Ce jeune homme au regard doux derrière ses lunettes rondes porte sur sa chemise un triangle rouge, symbole des prisonniers politiques. Il a été arrêté pour conspiration, le 7 mai 1940, dans sa ville

1. Le Comité international clandestin, formé à l'été 1943, est une organisation secrète de prisonniers lancée suite à un accord passé entre détenus communistes de différentes nationalités. Ces résistants de l'intérieur mènent des activités de sabotage, font rentrer des armes, s'emploient à sauver un maximum de prisonniers, et promeuvent une vie culturelle autogérée au sein du camp.

de Bydgoszcz, où il menait de front résistance (journaux clandestins, tracts...) et carrière musicale (violoniste, chef de chœur, compositeur). Pour rassurer son père, il occupait également un emploi au service charbon de la Compagnie franco-polonaise de chemins de fer. Son arrestation l'a empêché de valider ses études au conservatoire, mais la musique demeure sa passion.

Après plus d'un an de réclusion, il est transféré à Auschwitz (27 novembre 1941), où, déjà, il compose au péril de sa vie. Prisonnier politique numéro 23468, il est intégré au redoutable *Aussenkommando*, alors chargé de l'agrandissement du camp. À force de manier la bêche et la pioche, ou de transporter des sacs de ciment et de briques, l'artiste ne tarde pas à dépérir, perdant trente kilos en quatre mois. Il lui faut à tout prix quitter ce *kommando* qui brise son corps délicat. Pourquoi pas en intégrant l'un des orchestres officiels du camp ? Auschwitz 1 compte en effet deux formations : l'une, classique, d'environ quatre-vingts membres, l'autre d'harmonie, plus fournie[1]. Être retenu dans l'une ou l'autre formation lui permettrait d'échapper aux travaux les plus

1. À Auschwitz, comme dans la plupart des camps, les orchestres officiels jouaient habituellement à l'entrée du camp, mais aussi à l'occasion des pendaisons et exécutions. En fin de semaine, ils étaient également réquisitionnés pour des concerts réservés aux dirigeants nazis. Notons qu'à Auschwitz 2 avait été mis en place un orchestre entièrement féminin, entre avril 1943 et octobre 1944, dirigé par la violoniste autrichienne Alma Rosé (1906-1944).

pénibles. Malgré sa santé fragile et ses mains blessées, Jozef Kropinski réussit le test, en avril 1942, devant le chef – par ailleurs kapo des cuisines –, Franciszek Nierychło. Le voici premier violon[1]. Également promu copiste, il profite d'avoir des partitions à sa disposition pour composer des chansons exaltant à la fois l'amour et le patriotisme. Ces œuvres ne sont pas destinées à une interprétation officielle, elles ne seront pas jouées devant les nazis, ni pour marquer le départ ou le retour des *kommandos*, mais lors de réunions clandestines du bloc 24, entre hommes de confiance. Des réunions nocturnes dont Jozef sera l'un des protagonistes jusqu'à son transfert à Buchenwald, le 10 mars 1943, avec un millier d'autres détenus polonais.

Désormais affublé du numéro 10958, il est installé au bloc 37. Ici, remarque-t-il d'emblée, le processus d'élimination est organisé différemment. L'ensemble du système productif est rationalisé afin d'exploiter les forces humaines jusqu'à ce qu'elles s'éteignent. Après le décès d'un détenu, son corps demeure une « matière première »...

Le violoniste travaille onze heures par jour à l'armurerie. Passé l'appel du soir, il retrouve ses amis des « cercles » artistiques et révolutionnaires.

---

1. Selon Waldemar Kropinski, son fils, il s'agissait là du test le plus difficile de sa vie, comme Jozef Kropinski le racontait régulièrement à ses enfants.

Parmi eux, l'écrivain allemand Bruno Apitz, les poètes polonais Edmund Polak et Karel Wojtowicz – avec lequel il collaborait déjà à Auschwitz. Les musiques de Kropinski animent les soirées des « triangles rouges ». Chants de révolte et comptines folk sont repris par les Polonais, entrecoupés de lectures et de poèmes.

Mais Kropinski divertit aussi les autres prisonniers. Officiellement, cette fois. Violoniste au sein de l'orchestre du camp (quatre-vingt-quatre personnes), il fait également partie de l'ensemble polonais The Seven qui joue parfois le dimanche soir, lors de spectacles organisés sous le contrôle de l'administration.

C'est à la Kinohalle, grand hangar de bois réservé d'ordinaire aux séances de cinéma de propagande, que se produisent les artistes locaux : des acrobates russes, des jazzmen tchèques, les violons polonais [1]... Ces soirées, dont le programme sera supervisé officieusement par le Comité international clandestin dès le début 1944, proposent toutes sortes de style, même des danses hawaïennes.

En cette année 1944, Buchenwald déborde. Avec les flots d'arrivées de prisonniers, la population dépasse les cent mille détenus. Mais les concerts ne

1. Entre le premier concert du 1er août 1943 et le printemps 1945, au moins vingt-sept concerts auront été organisés à la Kinohalle de Buchenwald.

cessent pas pour autant. Depuis sa cachette adossée au crématorium, Jozef Kropinski poursuit lui aussi son œuvre, au rythme fou d'un nouveau morceau par nuit. Jusqu'à la libération du camp, il noircira ainsi quatre cent quatre-vingts partitions. Des mazurkas (danses polonaises à trois temps), des marches, du folk... Le 8 avril 1945, il signe *Pange lingua*, une mélodie religieuse. Deux jours plus tard, Buchenwald est évacué à la hâte : les prisonniers sont entraînés à pied vers Dachau, à quatre cents kilomètres plus au sud. Le compositeur polonais parvient à emporter son violon, et le maximum de partitions. Pas toutes, hélas. En chemin, son opéra et plusieurs autres créations sont sacrifiés pour alimenter un feu destiné à réchauffer ses compagnons. L'armée américaine vient au secours des survivants de cette « marche de la mort » le 24 avril, aux abords de Roding. Mais Jozef Kropinski devra attendre la fin du mois d'août pour rentrer enfin chez lui avec cent dix-sept partitions dans son paquetage.

Après la guerre, il ne compose plus un seul morceau. Ses cinq années d'internement ont affaibli son cœur et lui ont laissé des séquelles neurologiques irréversibles. N'ayant pu valider son diplôme du conservatoire en 1940, il ne pourra prétendre à un poste de titulaire. Surtout, il se rend compte que composer n'est plus vital comme au camp. Le voici désormais muet devant sa feuille blanche. À Buchenwald, la musique était une pulsion vitale, chaque note avait un impact sur son mental et sur celui de ses compagnons. Il a tout donné là-bas, et à Auschwitz aussi. Installé à Wrocław, employé dans l'administration d'une coopérative agricole, il ne jouera du violon qu'en famille, ou auprès de ses amis rescapés. Jamais, de son vivant, il ne recevra de reconnaissance pour son œuvre. Personne ne s'intéressera à lui, jusqu'au jour où un mystérieux compatriote le sollicitera en urgence, dans les années 1960.

Alex Kulisiewicz, le rossignol de Sachsenhausen, l'homme-mémoire, le premier archéologue de la musique des camps, s'invite un jour chez lui pour tenter de raviver ses souvenirs. Ensemble, à quatre mains, ils notent des pages et des pages de chansons, recopiées au propre sur une machine à écrire. Alex fera son possible pour diffuser l'œuvre de Kropinski, qu'il sait d'une valeur inestimable. Mais, comme pour ses propres créations, personne ne veut prendre le risque de publier les chansons de Buchenwald. Jozef Kropinski décèdera d'une crise cardiaque en octobre 1970, sans jamais entendre sa musique jouée dans un théâtre.

L'intervention d'Alex a au moins permis de regrouper ses œuvres, préservées depuis à Washington, au sein du « fonds Kulisiewicz ». Un trésor que le musicologue américain Bret Werb, conservateur au musée de l'Holocauste, a accepté d'envoyer sous forme de microfilms à un lointain correspondant : l'Italien Lotoro...

Dès le premier jour, Francesco et Angelo étalent les partitions de Kropinski sur la table du salon. Ils n'ont jamais reçu autant de morceaux d'un même compositeur en une seule fois. « Par quoi commencer ? » se demandent-ils. Il faut procéder par ordre. D'abord établir une liste, par titre, accompagnement et style. Très vite, la patte poétique et sobre du compositeur polonais les séduit. Francesco voit même en lui l'âme de Chopin, aussi à l'aise avec les pièces pour piano qu'avec les tangos, les quartets pour voix et violons. Un répertoire idéal pour le timbre chaud d'Angelo.

Parallèlement, Francesco échange des lettres avec Waldemar Kropinski, le fils de Jozef. Il se rend une première fois chez lui, à Nuremberg (Allemagne) afin de récupérer des partitions mises au propre dans les années 1960. Waldemar est un homme « romantique » à l'ancienne, plein de douceur et de bonté. Il comprend vite que ces drôles d'Italiens accomplissent quelque chose de spécial. Qu'il faut soutenir leur entreprise.

Dès lors, ils récupèrent tant de documents que la table du salon devient trop petite pour étaler toutes les compositions du prisonnier polonais. Sur son ordinateur, Francesco conserve 718 mégaoctets de Kropinski. Sur les scans des partitions originales, les traits de crayon sont vacillants. Il y a parfois des notes mais pas de portée, comme des insectes volants, des taches indomptées. La pénombre de la salle de dissection a influé sur la calligraphie du Polonais. Lotoro devra discipliner le tout, tirer la ligne au bon endroit, replacer les points, les saisir en brochette ou les compasser entre deux portées. Heureusement, les feuillets de Wrocław, plus récents, sont bien écrits, ce qui facilite la reconstitution. Il faudra tout de même plus de trois ans à l'équipe de Barletta pour recopier le tout sur ordinateur, et enregistrer une quarantaine de morceaux, dont une dizaine figure sur l'encyclopédie.

Afin d'interpréter Kropinski, Angelo s'est lancé dans l'apprentissage du polonais. Pour la diction, il a d'abord travaillé avec la petite amie polonaise de l'un de ses anciens élèves. Elle lui lisait les textes. Il regardait bien sa bouche. Elle enregistrait sur dictaphone. Mais l'amour a parfois une fin : la liseuse a quitté l'ancien élève et cessé les cours particuliers. Angelo s'est alors rabattu sur un pizzaïolo polonais de Foggia, travaillant dans la rue même du conservatoire. Entre deux services, en face à face, il a pu parfaire sa prononciation.

Surtout, Angelo a également bénéficié des conseils d'un professeur très particulier : Waldemar Kropinski en personne. À l'été 2008, le fils de Jozef est venu en vacances dans le sud de l'Italie avec son épouse dans le cadre d'un voyage organisé. Un matin, le couple s'est s'échappé du groupe pour filer retrouver Francesco, Grazia et Angelo à la gare de Barletta...

Ce jour-là, ils arpentent les rues pavées du centre historique, visitent le *castello*, apprennent l'histoire de la *disfida*, puis découvrent les trésors de la via dell'Industria. Waldemar s'émerveille de ces Italiens qui connaissent la musique de son père mieux que quiconque en Pologne. Il trouve ça un peu fou, de réunir ici, dans le sud de l'Italie, les œuvres des camps. Une fois dévoilés les secrets de sa tanière, Francesco s'installe au piano. Angelo, torse bombé, s'éclaircit la voix. Le duo offre un récital privé des chansons de Jozef Kropinski, devant son descendant, tremblant d'émotion.

Avant de rejoindre le groupe de touristes, Waldemar promet à Angelo de l'aider avec la prononciation polonaise. De retour à Nuremberg, il s'enregistre sur un disque en récitant les paroles des chansons de son père, pour la première fois de sa vie. Il envoie ensuite le CD à Fasano, chez le baryton italien, qui s'imprégnera de sa voix pour redonner vie aux chants perdus de Buchenwald.

Barletta, 17 octobre 2011

Aujourd'hui, c'est le jour de la mémoire perdue. Ou celui des musiciens oubliés. Il n'existe pas de nom officiel : Francesco est le seul à y penser chaque année.

Il est entré en collision avec cette date du 17 octobre en lisant l'encyclopédie *DEUMM*, en 1991, au retour de Prague. Il étudiait les biographies des artistes de Terezín quand, à la fin de chaque notice, il a remarqué la même mention : « Mort à Auschwitz, 17 octobre 1944. » Revenant quelques pages en arrière, il a vérifié de nouveau, puis il a dressé une liste de ceux dont il s'est juré de retrouver tous les morceaux : Viktor Ullmann, Pavel Haas, Hans Krása, Peter Kien, Bernard Kaff, Viktor Kohn, Egon Ledeč, Carlo... Le 16 septembre 1944, à Terezín, ils ont tous été chargés dans le même convoi, baptisé le « transport des artistes ». À Auschwitz, le docteur-bourreau Josef Mengele les attendait sur le quai, blouse blanche sur les épaules, cravache à la main. Il procédait à la sélection lui-même. Pouce levé : la vie. Pouce abaissé : la mort. Cet amateur de Wagner n'épargna pas les artistes. À peine descendus du convoi, les hommes de Terezín durent se dénuder et parcourir quelques mètres en file indienne, puis pénétrer dans la chambre à gaz.

Seuls deux membres de la troupe du *Kaiser von Atlantis* échappèrent au massacre. Karel Ančerl, le chef d'orchestre, fut sauvé par son ami pianiste Pavel Haas, qui fit exprès de tousser bruyamment au moment de passer devant Mengele, et fut choisi à sa place. Karel Berman, qui devait interpréter le rôle de la Mort dans l'opéra, d'aspect robuste, se présenta comme un « travailleur manuel », et le médecin, d'un geste las, désigna la file des corps encore « utiles ».

Ce jour de l'automne 2011, Lotoro chemine sous une haie de palmiers et franchit l'entrée du parc du *castello*, le château de Barletta. Cette forteresse de pierre blanche, édifiée en surplomb de l'Adriatique, servit autrefois de garnison et de réserve d'armes aux Allemands. Elle abrite aujourd'hui une bibliothèque, ainsi qu'une salle de conférences et de mariages.

Le pianiste salue un vieil homme à chapeau mou puis s'arrête au pied des remparts, et s'interroge à voix haute : « Qu'aurait-on retenu de la musique du XXe siècle s'ils avaient survécu ? » Il fait quelques pas entre les flaques, les mains dans le dos, et se répond à lui-même : « Tout serait différent aujourd'hui. Ils avaient étudié avec les meilleurs, ils étaient déjà des grands maîtres. Rien qu'avec cinq ou six survivants, le panorama de la musique depuis les années 1950 aurait été chamboulé. Ils ont inventé de nouveaux langages, de nouvelles solutions, des révolutions. » Francesco voudrait que ce trésor soit offert au plus grand nombre, joué dans les théâtres, dans la rue, partout. Johnny and Jones comme Cab Calloway, Schulhoff comme Mozart.

Après avoir traversé la cour intérieure du château, il s'enfonce dans un couloir qui monte en pente douce et s'installe sur un fauteuil de la Salle rouge, où il a souvent présenté ses disques et donné des conférences. Agrippé au dossier du siège de devant, dont il broie le cuir entre ses pouces, il souffle : « On se plaint d'avoir perdu les trésors de la bibliothèque d'Alexandrie, qui a entraîné un bond en arrière de la connaissance. Si on laisse se perdre la musique des camps, il arrivera la même chose. C'est une bibliothèque imaginaire qui ne se matérialisera peut-être jamais. »

À son rythme, approvisionné par le livret postal de Grazia et la paie de ses remplacements au conservatoire, il faudrait au pianiste deux cents ans pour achever son encyclopédie. « La recherche musicale est méthodique, silencieuse. Mais je suis tout seul. Je ne suis qu'un pianiste. Je n'ai pas Spielberg derrière moi… Si je m'arrête, tout s'arrête. Mais je ne peux pas arrêter. Je connais les noms, les lieux, les informateurs. J'ai des montagnes de morceaux en attente… Je ne peux plus renoncer et faire l'ermite. »

Francesco ne prête pas attention, au fond de la pièce, à un jeune couple qui s'extasie devant les voûtes délicates du bâtiment. Un fracas de sa voix rocailleuse les fait vite détaler : « Barletta est une ville ingrate ! Je pense souvent à la quitter… Mais j'y suis né, j'y ai mon travail, ma famille, mon usine. Les bureaux de l'Institut dont je rêve pourraient être à Paris, Berlin, Atlanta, Jérusalem, ça paraîtrait logique. Il faut un archiviste professionnel, des relations publiques… Soit je n'ai pas réussi à m'exprimer, soit les gens ne comprennent pas ce qui est en jeu. Il y a des types qui parlent dix mille fois mieux que moi, mais ils ne feraient pas un pour cent de mon boulot ! »

Le pianiste se lève, fait tournoyer ses mains, regard de fou vers le plafond en pierre de taille, si épais qu'il étoufferait le pire des cris de détresse.

« Regardez ce que je peux faire tout seul ! Imaginez ce que je peux faire avec votre aide ! »

Un instant, il paraît le maître du monde.

Puis, juste après, un soliste perdu.

Arturo Coppola et Giovanni Guareschi

Stalag de Sandbostel, Allemagne, 1944

Sandbostel est une couleur : le gris.

Des baraques de bois posées sur la plaine de tourbe qui s'égare en brouillard, quelque part entre Hambourg et Brême. Un stalag de boue froide, où la faim, la fatigue, la violence emportent chaque jour les hommes par dizaines. Cinquante mille soldats, de toutes nationalités, peuplent cet enfer glacé.

Les nazis ont instauré une hiérarchie entre les prisonniers. En haut de la pyramide, « protégés » par la convention de Genève, les Américains et les Anglais. Puis les Français, les Belges, les Serbes, les Grecs, les Russes. Et, enfin, les Italiens, arrivés en masse à partir de l'automne 1943, au lendemain de l'armistice signé entre Hitler et Mussolini[1]. Tout au long de l'année 1944, des vagues d'Italiens faméliques, en provenance des camps de l'est, sont venues grossir les rangs de la communauté.

Ce 17 décembre 1944, le moral est au plus bas dans leur baraquement. Le travail dans les champs frigorifie les veines. Les fonds de gamelle ne remplissent pas les panses. Quand vient la nuit, les gars ruminent, tournent en rond. Seuls deux prisonniers ont autre chose en tête que le seul décompte des jours. Ils parlent d'objets magiques, de champignons bavards, d'une poule patriote, le tout sur une musique des *Mille et Une Nuits*. Ces deux-là préparent un spectacle de Noël.

Sur leurs lits superposés, ils se livrent à un étonnant manège. Des feuilles manuscrites font l'ascenseur entre le détenu du bas, aux bacchantes touffues, et son acolyte du haut, à la moustache plus disciplinée. Une fois sa feuille remplie, le premier lève le bras et la transmet au second. Paroles au rez-de-chaussée, musique à l'étage : l'usine à rêves tourne à plein.

1. Suite à la capitulation de l'armée italienne du 8 septembre 1943, les soldats italiens refusant le fascisme ne bénéficient pas du statut de « prisonniers de guerre » codifié dans la convention de Genève. Ce flou juridique au regard de leur statut laisse la voie libre à des conditions de détention très pénibles et à des mauvais traitements, sans supervision possible de la part de la Croix-Rouge internationale.

Sur le lit supérieur, Arturo Coppola, trente et un ans, discret musicien de Salerne, diplômé en piano au conservatoire de Naples, commençait une carrière de compositeur à Trévise dans le nord du pays quand la guerre est venue le piéger, et qu'il a refusé la république de Salò[1]. L'échine courbée, il gratte des partitions à la chaîne, et conserve en guise d'oreiller son accordéon, qu'il a réussi à garder auprès de lui après son arrestation, en octobre 1943.

Sur le lit inférieur, Giovanni Guareschi, trente-six ans, originaire de la province de Parme, était un journaliste déjà célèbre quand il a été interné. Ses écrits satiriques dans la revue milanaise *Il Bertoldo* lui valent une réputation de plume incisive et gouailleuse. En détention, il a poursuivi son œuvre avec les moyens du bord, en racontant des histoires d'une baraque à l'autre dans ce qu'il nomme « *Il Bertoldo* parlé et sonorisé : édition pour les Italiens de l'étranger ». Il a fait vivre ce *Bertoldo*-là dans les camps polonais de Beniaminow, et maintenant ici, à Sandbostel, où il est bien connu de ses compatriotes. Ses critiques malignes des nazis dribblent la censure, sous couvert de fables en italien que les geôliers laissent dire.

1. La république de Salò (République sociale italienne) est un État d'inspiration fasciste fondé par Benito Mussolini le 23 septembre 1943, après sa libération par les Allemands. Sa capitale effective, la ville de Salò (sur les rives du lac de Garde), abritait le ministère des Affaires étrangères.

Coppola et Guareschi. Guareschi et Coppola. L'un ne va pas sans l'autre à Sandbostel. Ce soir de décembre 1944, le duo met les bouchées doubles. Encore une folie de Giovanni : se lancer dans l'écriture d'une fable de Noël le 17 décembre, avec mise en musique, à présenter une semaine plus tard sur la scène du théâtre du camp. Le tout quand il fait un froid polaire, et que les copains crèvent la faim. Seul point rassurant : depuis un an, ils sont rodés, leur coopération artistique est une machine bien huilée. Textes et partitions ont ainsi fait l'ascenseur d'un lit à l'autre. *Carlotta*, dédiée à la fille de Guareschi, née deux mois après sa capture par les nazis ; *Magri ma sani* (« Maigres mais sains ») qui dit comment la fierté morale fait oublier la déliquescence physique, ou encore *Dai dai Beppe* (« Vas-y Beppe »), qui encourage les armées de Joseph (soit Giuseppe, dit Beppe) Staline à venir les délivrer. Sans cesse, Coppola le raisonnable est stimulé par son voisin du dessous, le truculent Guareschi. Un impératif les obsède : faire participer tout le monde.

Avant chaque demande d'utilisation du théâtre, le texte doit franchir le filtre de la censure. Heureusement, la *favola* (« fable ») passera l'examen sans problème. Giovanni Guareschi s'en réjouit d'autant plus qu'il sait bien, lui, que sa création n'est pas vraiment destinée aux enfants… Elle est peuplée d'orcs qui ont tout des nazis, de gallinacés résistants…

Mais les censeurs n'ont pas saisi ces subtilités, et il ne va pas s'en plaindre.

Même si l'accordéon tient une place de choix dans l'orchestre, il faudra d'autres instruments. Arturo Coppola fait donc le tour des baraques afin de regrouper tout ce qui peut sonner juste. Un hautbois, deux clarinettes, un ocarina (sorte de petite flûte globulaire en bois très populaire en Émilie-Romagne) et une poignée de violons, dont certains sont prêtés par des prisonniers français.

Coppola n'a que trois jours pour faire répéter ses musiciens. L'air glacial ne lui facilite pas la tâche. Les voix sont enrouées, les doigts frigorifiés, les instruments eux-mêmes souffrent du froid et de l'humidité. Quand les cordes des violons cassent les unes après les autres, Arturo craint que le défi soit trop ambitieux, qu'il ne parviendra jamais à accompagner le texte de son ami Giovanni. Mais il ne renonce pas. Jusqu'au levé de rideau, il prépare ses troupes comme s'ils s'apprêtaient à jouer à la Scala de Milan.

Le soir du 24 décembre, à la nuit tombée, tout est fin prêt. Les spectateurs italiens se pressent dans la baraque-théâtre. La réputation de Giovaninno Guareschi n'est plus à faire à Sandbostel. Le moustachu charismatique n'est jamais avare en histoires drôles, comptines et parodies. On se colle les uns aux autres sur les gradins de bois. Le silence se fait. Giovannino s'avance. Il a prévu un prologue. Des

« instructions pour l'usage » destinées à préparer les esprits à cette parenthèse merveilleuse.

Guareschi présente d'abord les trois muses qui ont inspiré l'écriture de sa fable : le Froid, la Faim, la Nostalgie. Il sait chauffer son public avec ses bons mots et ses interpellations qui visent juste à le mettre en condition, l'amener à se laisser faire, à y croire, au moins ce soir.

Guareschi prévient ses codétenus qu'ils pourront ensuite raconter la fable au vent, qui la portera à son tour vers leurs enfants, leurs mères et grands-mères.

Cette *Favola di Natale* commence bien sûr par « Il était une fois » (*C'era una volta*) :

« C'era – dunque – una volta un prigioniero... No : c'era una volta un bambino... Meglio ancora : c'era una volta una poesia... Anzi, facciamo cosi : c'era una volta un bambino che aveva il papa prigioniero[1]*. »*

Dans la pénombre, des centaines de paires d'yeux luisent devant le conteur. Les yeux des papas prisonniers.

Giovaninno poursuit :

« – *E la poesia ? – direte voi – Cosa c'entra ?*

1. « Il était une fois – donc – un prisonnier... Non : il était une fois un petit garçon... Mieux encore : il était une fois une poésie... Non, faisons plutôt comme ça : il était une fois un petit garçon dont le papa avait été fait prisonnier. »

La poesia c'entra perché il bambino l'aveva imparata a memoria per recitarla al suo papà, la sera di Natale[1]. »

La *Favola di Natale* est l'histoire d'un garçonnet, le narrateur, Albertino (le prénom du fils de Guareschi), de sa petite mamie, de son chien Flick et d'une luciole qui leur sert de guide. Albertino part pour un incroyable voyage vers le camp où est détenu son père, prisonnier de guerre. En chemin, il croise d'étranges personnages : des champignons parlants, une *befana* (« sorcière ») motorisée, et d'autres bestioles animées, jusqu'à retrouver son papa pour le repas de Noël, avant de le laisser dans sa cellule et de rentrer à la maison.

Guareschi a pensé sa fable en technicolor. À la Walt Disney. Au camp, c'est le réel qui devient fabuleux. La vie d'avant s'anime en évocations merveilleuses : le bonheur d'un dimanche en famille, le Gramophone, le *panettone*, sont prétextes à l'évasion collective. Quitter Sandbostel, hiver 1944, pour leur chère Italie. La musique de Coppola est à l'unisson : une expérience sensorielle, avec bruits d'animaux et de nature. Quand les Rois mages entrent en scène, un hautbois déroule des sonorités orientales. On imagine les chameaux dans les neiges

1. « – Et la poésie ? – me direz-vous – Qu'est-ce qu'elle a à voir là-dedans ? La poésie a à voir là-dedans parce que le petit garçon l'avait apprise par cœur pour la réciter à son papa, le soir de Noël. »

allemandes, tout se transforme, la nuit prend des couleurs, le temps s'allonge sous la scansion douce et drôle à la fois de Giovannino.

Tard dans la nuit, les pères applaudissent à tout rompre. Beaucoup peinent à cacher leurs larmes.

Le lendemain, Guareschi, pourtant heureux du succès, se sent plus seul que jamais. Ces personnages, cet univers foisonnant et coloré, tout semble s'être évaporé au lever du jour. Il l'écrit à sa femme, Ennia, dont il n'a pas de nouvelles depuis trop longtemps. Il espère être auprès d'elle au prochain Noël. Auprès d'Albertino, dont il a conté hier les aventures, et de Carlotta, dont il n'a encore jamais vu le visage.

Le spectacle sera joué de nouveau deux fois au théâtre du camp, les 26 et 27 décembre 1944, puis le 31 au soir dans la baraque 13B, et enfin le 10 janvier 1945 dans la 31A. Moins de deux semaines plus tard, Guareschi et Coppola seront envoyés à l'oflag 83 de Witzendorf (est de l'Allemagne). Une première étape dans le marathon de leur libération, effective à la fin de l'été 1945.

Guareschi atteint Milan avant Coppola. Très vite, il n'a qu'une ambition : y jouer la *Favola di Natale* en décembre 1945. Mais son ami musicien a d'autres priorités : il veut se marier avant de penser aux spectacles. Pressé par le temps, Guareschi prend les devants. Il modifie des parties, transforme l'ocarina en flûte, l'accordéon en piano, élimine quelques personnages, et ajoute soixante-quatorze dessins d'illustration. La portée satirique de l'œuvre se dévoile bien plus nettement : les abeilles ont tout des avions allemands Stuka ; les trois vilains champignons avec des têtes phalliques sont Hitler, Hindenburg et Mussolini.

Si, dans le camp, la collaboration avec Coppola avait bien fonctionné, dans la vie d'après, leurs destins s'écartent peu à peu. Guareschi propose tout de même à son ami de faire la musique d'un film tiré d'un de ses romans à succès : l'histoire d'un curé non conformiste et d'un maire communiste dans un village d'Émilie-Romagne. Mais Coppola refuse[1] préférant se concentrer sur le groupe de jazz qu'il a monté à Trévise, et dont son épouse, Ada, est la chanteuse. Il aspire à une vie calme, provinciale. Guareschi, lui, va toucher le jackpot en écrivant les aventures de Don Camillo, triomphe mondial. Ses livres se vendent par millions, et l'adaptation cinématographique, coproduction franco-italienne avec Fernandel, bat des records de recettes. Figure littéraire établie, Guareschi jouit d'une indéniable aura, tandis qu'à Trévise, Coppola fait un peu profil bas. Occupé à gérer son discret jazz band, il enseigne la musique à

1. Selon Giancarlo Coppola, le fils d'Arturo, son père se serait tout de même rendu à Milan, mais la production aurait décidé d'engager un autre musicien que lui (Alessandro Cicognini, qui composera les bandes originales de cinq films de la saga).

l'école, se met à la peinture. De moins en moins sollicité, il terminera sa vie en musicien de quartier.

Francesco Lotoro savait qu'il trouverait la musique originale de la *Favola di Natale* à Trévise, du côté des Coppola. Mais comment les localiser ? Un nom de famille napolitain ne doit pas être bien difficile à repérer dans l'annuaire de la cité vénète. Deux Coppola y figurent – Coppola Ada, la veuve d'Arturo, et Coppola Giancarlo, leur fils – et habitent à la même adresse.

Après un premier contact téléphonique, Francesco se rend à Trévise, avec une valise vide, en novembre 2008. Le fils Coppola tient un studio d'architecture très moderne au rez-de-chaussée de la maison familiale. Il fournit à Francesco tout ce qu'il possède de musique écrite en captivité par son père. Mais les versions publiées après la guerre, notamment par la maison d'édition milanaise Rizzoli, ont été corrigées, amendées, expurgées de certains passages et complétées par d'autres. L'accordéon et l'ocarina ont été remplacés par la flûte et le piano. Le chœur, devenu mixte, ne correspond pas à la population du baraquement, masculine à cent pout cent. Les partitions qui sortent de la photocopieuse sont presque trop parfaites pour satisfaire l'homme de Barletta, soucieux d'être fidèle à l'original. Une seule solution : aller chez les Guareschi.

Leur maison est située en Émilie-Romagne, à Busseto, plus précisément dans le hameau de Roncole-Verdi, qui a vu naître, en 1813, Giuseppe Verdi. Cette fois, Francesco fait le voyage avec son copain Paolo. À leur arrivée, un samedi soir, Paolo ripaille de *culatelli* et de toutes les spécialités charcutières émiliennes. Puis, le dimanche matin, avant de prendre la route pour Roncole-Verdi, il assiste à la messe à Busseto pendant que Francesco s'impatiente au-dehors, faisant les cent pas dans la ville morte. Les autobus ne circulant pas le dimanche, les deux copains s'élancent d'un bon pas, en file indienne le long d'un fossé, vers le hameau de Roncole-Verdi, distant de plus de cinq kilomètres, jusqu'à ce qu'une grand-mère les prenne en stop et les dépose devant la maison des Guareschi, devenue un centre culturel voué à la promotion de l'œuvre du grand homme.

« Vous êtes le signor Lotoro, n'est-ce pas ? » lance un petit homme aux cheveux poivre et sel. Il se présente : Alberto Guareschi, l'Albertino de la *Favola di Natale*. Il prend soin, avec sa sœur Carlotta, des deux cent mille documents que comptent les archives paternelles. À l'intérieur, les étagères accueillent des versions de *Don Camillo* dans toutes les langues du monde. Préservées au fond d'un tiroir, les partitions originales de Sandbostel, conservées là depuis soixante ans, comme si elles attendaient les visiteurs de Barletta.

Dans ces documents, l'œuvre est intitulée *La Fiaba di Natale – racconto sonorizzato*[1]. Guareschi a accolé son numéro de prisonnier (6865) à sa signature, et indiqué l'heure du point final : *ore 4 del mattino*. En piochant dans ces précieuses archives, Paolo et Francesco accompagnent la reconstruction, à rebours, du conte de Sandbostel. Ils réhabilitent l'ocarina et de l'accordéon, retrouvent des parties de chant choral, allongent le texte coupé dans la version de la maison d'édition Rizzoli, réorchestrent des passages oubliés, comme « la fuite d'Albertino », « l'orage » et le final.

Francesco sollicite son fidèle baryton Angelo, qui va chanter tous les personnages, même la poule de Padoue. Angelo racontera l'histoire en pliant sa bouche en tous sens, métamorphosant son corps en instruments et personnages farfelus. Il y aura seize archers, un accordéon, un hautbois, une trompette qui ne joue qu'un signal d'alarme à l'acte 2. Pour l'ocarina, Francesco recrute des spécialistes mondiaux, venus du village de Budrio, où cet instrument si particulier est né au XVIe siècle. Des artistes qui parcourent la planète et sont, paraît-il, très appréciés en Corée du Sud. L'accordéoniste est moins sûr de lui. Le titulaire ayant déclaré forfait à cause d'un mauvais kyste au poignet, un nouveau, un peu tendre, finit la première journée de répétition

1. « Le conte de Noël – une histoire sonorisée. »

désespéré. Une session intensive chez Paolo le guérira de ses craintes.

Le 27 janvier 2011, enfin, sur la scène du cinéma Impero de Trani, l'orchestre Musica concentrationaria reprend, en première mondiale, la version originale de la *Favola di Natale*. Mais plus de trois heures de concert sans entracte, c'est bien trop long. Le public (pour ceux qui sont restés jusqu'au bout) finit exaspéré, langue par terre. Le temps de Trani n'est pas celui de Sandbostel, où l'on aurait pu écouter la *Favola di Natale* toute la nuit durant. Les personnages magiques et la nostalgie douce avaient alors le pouvoir d'arrêter les horloges. Soixante-cinq ans plus tard, le public des Pouilles ne se laisse pas porter par la *Favola di Natale* de la même manière, en dépit des « instructions pour l'usage ».

Francesco sent que c'est la dernière fois avant longtemps qu'il se produit avec l'orchestre Musica concentrationaria. Noyé sous les partitions à traiter, pris à la gorge par les difficultés financières, il va tirer de cette *favola* les deux derniers disques (23 et 24), de son coffret-encyclopédie, et clore ainsi un cycle de son histoire. Sans dispute, il va mettre en stand-by les enregistrements et les concerts. Il faut s'arrêter, retourner devant le piano, devant Sibelius, et rembourser les dettes. L'encyclopédie reprendra en son temps.

En attendant, Francesco compte sur son producteur, le bon *dottore* Bixio, pour publier les vingt-quatre volumes. En espérant que ces musiques oubliées seront enfin entendues. Peut-être à Rome. Peut-être ailleurs.

Rome, 6 février 2012

Le jour est à peine levé sur Rome. La ville est prise par la neige depuis vingt-quatre heures. Les journaux télévisés parlent d'apocalypse, l'état d'urgence a été déclaré, chacun reste chez soi. Seul l'homme de Barletta, costume noir et mallette à la main, s'aventure sur le tapis verglacé des pavés de la capitale. Louvoyant entre les congères, il fait taper fort les semelles de crêpe de ses bottines sur le trottoir-banquise pour éviter la chute.

Francesco Lotoro est impatient. Cette journée est importante. Vingt-deux ans de recherches solitaires, jamais serein, et peut-être ce soir, enfin, une gratification officielle. Un « merci » suffirait à son bonheur.

Sa maison de disques, Musikstrasse, connaît les règles de base du marketing. Elle ne pouvait choisir un autre jour que le 27 janvier, cette très officielle

Journée de la mémoire que Francesco ne supporte plus, pour le lancement officiel de son encyclopédie sonore de la musique concentrationnaire. Depuis, il ne cesse de parler de ses recherches dans les médias locaux. Il a été invité dans une émission de radio de la RAI, en direct mais à minuit et demi, où il a été interrogé par téléphone depuis sa tanière de la via dell'Industria. Jeudi dernier, sur une radio étudiante napolitaine, il était au programme d'une émission matinale ayant pour thèmes conjoints la musique de la Shoah et les Beatles. En studio : Pete Best, le premier batteur du groupe de Liverpool. Francesco a eu la parole moins de cinq minutes, entrecoupé par des jingles et des publicités. Puis il est reparti sans avoir fait la connaissance de Pete Best, le batteur oublié.

Ce lundi, à Rome, le programme s'annonce d'un autre niveau. Francesco Lotoro est attendu au Parlement italien, dans la salle des Colonnes. Il a peaufiné un florilège de ses trouvailles, qui sera interprété par une dizaine de choristes du consort vocale Diapente, dirigé par son ami Lucio Ivaldi. Il compte aussi profiter de cette journée romaine pour faire parler de lui et, qui sait, rencontrer de potentiels mécènes. Il y a urgence : ses voyages sont au point mort depuis bientôt deux ans, il n'a pas les ressources nécessaires pour relancer une série d'enregistrements, bien que plus de trois mille huit cents morceaux soient en attente.

Francesco est en colère d'avoir travaillé dans de si mauvaises conditions pendant toutes ces années, mais il a la satisfaction du devoir accompli. S'il arrête là sa mission, personne ne pourra la reprendre, il en est persuadé.

Levé avant 7 heures, il a mis une poignée de disques dans sa sacoche avant de sortir de l'hôtel Flower Garden, une adresse pour touristes fauchés à deux cents mètres de la gare. Il gravit maintenant la colline de l'Aventin, s'engouffre dans une rue bordée de palaces et de demeures somptueuses, sous une rangée de pins parasols qui essorent leur neige au soleil du matin.

Avant la réception au Parlement, il a rendez-vous dans les bureaux de *capital partners*, une entreprise spécialisée dans le financement des entreprises et les fusions-acquisitions, chez l'homme d'affaires qui a permis de monter la *Favola di Natale* à Rome, en 2011, le *dottore* D'Andria.

Francesco a une demi-heure d'avance. L'assistant du businessman l'installe dans une pièce aux fauteuils douillets. Le pianiste fait craquer ses phalanges une à une sur une table de bois rare. Puis D'Andria débarque. Le temps du patron n'est pas celui du musicien. Le vieux Napolitain au costume sur mesure tripote son téléphone portable et n'écoute le visiteur que d'une oreille. Francesco, ému, perd quelques minutes à défaire le plastique du disque 24. Il lui offre la *Favola di Natale*.

D'Andria le remercie, et demande ce que signifie ce « KZ » écrit sur la jaquette. Francesco entreprend les explications d'usage, mais déjà son hôte doit attaquer sa journée « rentable », et accélère le mouvement. Il promet d'acheter quelques exemplaires de l'encyclopédie et de passer au Parlement si sa réunion « avec des Anglais » est conclue dans les temps.

À pas d'éléphant sur le verglas, Lotoro redescend la colline vers la piazza Venezia. Son téléphone est saturé de messages : la neige inquiète. Giacomo, le meilleur baryton du chœur, est bloqué dans sa maison des Abruzzes, sans eau ni électricité, à attendre qu'un hélicoptère lui livre une palette de vivres et d'eau potable. Sans lui, il faut repenser la liste des morceaux. Et Lucio Ivaldi, le chef de chœur, se préoccupe des cordes vocales de ses chanteurs. Il faudrait prévoir une salle d'échauffement.

Derrière le Forum, Francesco distribue quelques invitations dans le quartier juif. Il s'arrête un moment à la synagogue, puis pousse la porte de la minuscule boutique d'un joaillier du ghetto pour offrir un bijou à Grazia – il a pris du retard sur son anniversaire. Il n'imaginait pas que le cours de l'or avait grimpé autant. La tête dans son écharpe, il franchit le pont sur le Tibre, en direction du siège de la communauté hébraïque de Rome, qui ne l'a jamais aidé. Une fois de plus, il est d'humeur ombrageuse, et va le dire. Avec vingt-quatre disques au compteur, il peut se le permettre. Il sait aussi que si la presse évoque la conférence au Parlement, de faux amis vont rappliquer, dire qu'ils étaient là dès le début, se payer une part du succès à coups d'embrassades et de bla bla.

Planté devant la porte en bois, il sonne. Le portier glisse la tête hors de sa loge : « Il n'y a personne. » Francesco jure dans sa barbe, quitte l'immeuble, jure encore en voyant les deux militaires qui gardent le lieu pour rien, à moitié congelés devant leur 4×4 blindé. Mais il se sent plus fort que jamais. Riche de ces milliers de documents, il peut donner des interviews, il n'a plus rien d'un Don Quichotte. « Vous ne pouvez plus m'arrêter, maintenant ! » lance-t-il sur le pont Garibaldi. Un souvenir lui revient : juillet 2011. Il était seul avec Grazia, ruiné, le désespoir le guettait. Bien sûr, les dettes sont encore là pour quelques années, mais il a au moins un résultat à montrer. Et ce soir, il sera au Parlement, en costume, la fierté au cœur. La quête, elle, continue : hier encore, Balázs, un informateur hongrois, l'a appelé pour lui donner une excellente nouvelle. « Francesco, j'ai retrouvé la trace des cahiers de Bombay ! » Sur ces mystérieux carnets, qui lui échappent depuis des années, seraient couchées les chansons des soldats italiens déportés aux quatre coins de l'Empire britannique (Afrique du Sud, Kenya, Inde…).

L'heure approche. Sur le portable de Francesco, les messages s'accumulent. Son cher Paolo ne viendra pas ce soir. Angelo non plus. Des tempêtes de neige bloquent les Pouilles. Marian Serban, le joueur de cymbalum fou, est coincé dans sa demeure de Colleferro. À Rome, un arrêté municipal a décrété que tous les bâtiments publics seront fermés pour la journée. Mais il a téléphoné plusieurs fois pour être sûr : le Parlement, lui, restera ouvert.

À midi, assis au Roadhouse Grill, un vaste steakhouse boisé de la gare Termini, Francesco établit son quartier général de crise. Il s'est attablé à côté d'une vache en plastique grandeur nature, dans un décor de saloon, avec des côtes de porc qui crépitent autour et des photos de Cadillac sur les murs. Avant d'attaquer son assiette de frites, il appelle Nando Di Modugno, le guitariste de Bisceglie. « Nando, tu es disponible jeudi soir ? Ça te dirait de faire un petit Johnny and Jones à la bibliothèque municipale de Trani ? Et je te donnerai le CD 12. Il y aura le maire... » Puis Umberto, l'autre guitariste de l'orchestre, qui se fait un peu prier. Et maintenant, un appel du directeur du conservatoire de Foggia : Les leçons de piano seront peut-être annulées demain à cause de la neige. Encore un imprévu. Et les invités du grand soir romain soucieux de savoir si, oui ou non, la présentation est maintenue. Francesco appelle Grazia qui, convalescente, l'attend via dell'Industria. « *Amore*, tu peux me recharger le téléphone ? » demande-t-il du bout des lèvres à son « associée ».

De retour à l'hôtel Flower Garden, Francesco enfile sa veste de costume. Il rejoint la foule des touristes du bus 55 et descend près de la fontaine de Trevi, un monument qu'il n'a encore jamais vu, lui, l'enfant de Barletta.

En avance d'une heure, il se poste devant l'adresse indiquée. Le visage nimbé d'un halo de buée, il serre sa mallette dans une main et un sac de sport vide dans l'autre. Durant de longues minutes, il scrute, de droite à gauche, les angles de la rue. Jusqu'à ce qu'il repère au loin une silhouette familière. Un grand type élégant, cheveux argentés coupés court, barbiche finement taillée, qui porte un étui à guitare. C'est Leo Gallucci, le fidèle ingénieur du son, guitariste d'un soir.

« *Aù* ! C'est ici ?

– Oui, je crois, numéro 18. »

Ils avisent une grille de fer forgé. Puis soufflent en chœur dans leurs mitaines.

Un homme déboule de la via del Tritone, élégant, chapeau mou et lunettes de soleil à la mode. Une veste noire sur le bras, deux traits de moustache et un tatouage derrière l'oreille. Le ténor, Fabrizio. « *Ciao*. Il va falloir se réchauffer avant de passer à l'action. » Le nouveau venu regarde le rideau de fer. « Vous êtes sûrs que c'est là ? On dirait tout sauf la Chambre des députés... »

Un vent glacial s'engouffre dans la via Poli. Les trois complices se tendent. On les croirait prêts au casse du siècle, sur le point d'attaquer la salle des coffres. Deux comparses les rejoignent. Un type en doudoune verte et une jeune brunette. « Et voilà la maison de disques ! » s'écrit Francesco. Alberto et Silvia déposent les cartons de disques à ses pieds. Sur l'autocollant qui ficelle le plus gros est inscrit, en anglais, « *We love your job* », avec des petits cœurs rouges dessinés autour.

« On a enregistré cent cinquante morceaux sur quatre mille », dit Francesco à son ingénieur du son.

Leurs regards se croisent.

« On a rien fait, donc. »

La lourde porte s'ouvre en grinçant. Un planton au visage impassible fait signe du plat de la main d'attendre un peu dehors. D'un tour de clef, il active le scanner à rayons X, appelle ensuite une assistante chargée de distribuer les badges, et laisse entrer les musiciens en les toisant d'un air méfiant.

Francesco passe en tête, puis le choriste moustachu, quand le vigile fait barrage de son corps devant Leo le guitariste.

« Qu'est-ce que vous cachez là-dedans ? demande-t-il, comme s'il suspectait un fusil-mitrailleur ou un lance-roquettes.

– Ma guitare, répond Leo.

– Vous allez jouer à la Chambre des députés ? »

Francesco intervient et s'emploie à expliquer le thème de la soirée, déplie l'invitation officielle, raconte que ça fait plus de vingt ans qu'il recherche la musique concentrationnaire. Le vigile : « Une guitare, c'est interdit. »

Après bien des palabres, un face-à-face tendu avec le pianiste de Barletta, des appels téléphoniques, un fax et l'examen minutieux de l'instrument, dont la date de fabrication et le modèle seront consignés sur un carnet de liaison, Leo rejoint enfin les musiciens.

Les dix choristes du consort vocale Diapente se sont regroupés près d'un radiateur, pour relire les partitions et se réchauffer la gorge. Il n'est pas encore 17 heures et l'antichambre fourmille déjà d'une cinquantaine d'invités. Trois caméras de télévision tournent autour du pianiste.

L'assistante de la députée hôte prie les invités de pénétrer dans la salle des Colonnes, une grande pièce aux murs faits de triangles de bois juxtaposés. Des colonnes de style grec, vert marbré, soutiennent le haut plafond, où sont accrochées six cabines de traduction vitrées. Tandis que les invités prennent place dans les fauteuils rouges, le chœur migre vers une salle de répétition improvisée : les toilettes.

À la table des conférenciers, les cartons indiquent les intervenants du jour : Silvia Godelli, du conseil régional des Pouilles ; la députée Fiamma Nirenstein, vice-présidente de la Commission des affaires étrangères ; Franco Piperno, professeur de musicologie à l'université romaine La Sapienza ; Franco Bixio, président de la maison de disques Musikstrasse et Francesco Lotoro, l'homme de la via dell'Industria. Trois coffrets de l'encyclopédie ont été disposés devant eux. Ce sont les seuls alors en circulation : la neige a bloqué tous les autres dans l'entrepôt.

Muet pendant tout le début de la présentation, Francesco écoute, les mains agrippées à la table, les premiers intervenants. Quand le patron de sa maison de disques prend la parole, il lui donne du « maestro ». Le producteur bronzé rappelle combien il est un habitué du commerce, rompu au top 50, familier des chanteurs à succès, toujours en quête de hits. Puis son sourire se voile. Il se rapproche du micro : « Et l'arrivée de Francesco m'a arrêté. » Bixio, balayant le public du regard, ajoute : « Je suis resté bouche ouverte, je n'y connaissais rien. » Franco Bixio est le seul à avoir cru au projet fou de Francesco Lotoro. « Je me suis demandé : "Qu'est-ce que je peux faire ?" Et les hits sont passés au second plan. »

Il approche le micro un peu plus de sa bouche, et lance d'une voix grave : « Avant le travail du maestro Lotoro, c'était comme avoir une belle discothèque à la maison, mais avec un trou au milieu. Il fallait remplir cet espace. C'est ce que le maestro Lotoro accomplit avec une détermination extraordinaire. »

Francesco a déjà l'esprit ailleurs. Il interpelle ses musiciens, tout juste remontés des toilettes en file indienne. « Lucio ? Lucio ? » Le chef de chœur, impeccable, va diriger une œuvre composée par l'Italien Salvatore Lopez, prisonnier au stalag de Fürstenberg, qui évoque les murs immaculés de sa ville natale, Margherita di Savoia. Derrière la colonnade, trois chanteurs ressuscitent cet air oublié. Devant, Francesco accompagne les paroles du bout des lèvres.

Oh quanti ricordi, quanti sospir !
Lontan d'una fanciulla il canto par d'udir !
O bianca terra mia sí cara e dolce al cor !
Invan chieggo al cielo se un dí la rivedrò.
Ma se la notte s'accora e dice :
« Tutto è svanito dal tuo cammin ! »
Allor dolente il cor dirà :
« È il mio crudel destin[1]*. »*

Après une intervention du professeur Franco Piperno, huit chanteuses entonnent *Lagerue*, de

1. « Oh combien de souvenirs, combien de soupirs ! / Je crois entendre au loin le chant d'une jeune fille ! / Oh ma terre blanche, si chère et douce à mon cœur ! / En vain je demande au ciel si je la reverrai un jour. / Mais si la nuit dit : / "Tout s'est évanoui de ton chemin" / Alors mon cœur douloureux dira : / "Ceci est mon cruel destin." »

Frida Misul, la jeune Juive de Livourne. Puis Leo Gallucci sort du public pour interprèter à la guitare un morceau de Marius Flothuis, un résistant hollandais détenu à Westerbork.

Devant une audience éberluée, Francesco présente l'encyclopédie, résume vingt-deux ans de sa vie en moins de dix minutes, comme il était convenu. Avec quelques exemples musicaux, diffusés à fond dans le Parlement : Johnny and Jones et la *Messe de Dachau*. Tous les choristes réunis chantent Viktor Ullmann, avant de regagner leurs sièges sous les applaudissements.

À la table des conférenciers, chacun conclut en disant que oui, ce travail doit trouver une « maison », un centre de recherche plus adapté que la via dell'Industria, où ils n'ont pourtant jamais mis les pieds.

Les invités sont déjà presque tous prêts à repartir quand un vieil homme au visage glabre et aux larges lunettes d'écailles lève la main. C'est le rabbin de Naples, Shalom Bahbout, arrivé sans bruit pendant la présentation.

Il répète une phrase en hébreux. Comme un mantra. Puis la traduit, d'une voix douce et monocorde : « Ils sont morts, ils ont écrit, ils sont encore vivants. »

Épilogue

Le buffle Lotoro surgit, tête baissée, hors de la station de métro Anděl. Il a remonté l'escalier roulant au pas de course, sa mallette à la main. Il plisse les yeux dans la lumière du matin. Le voici prêt à l'action. Plus de vingt ans se sont écoulés depuis son premier séjour à Prague, mais cette ville reste son terrain de chasse favori.

Dès 5 heures, ce lundi de mars 2012, il était debout. La force de l'habitude. Et l'appréhension, aussi. Il a enfilé un pantalon bleu foncé qui jure avec son éternelle panoplie noire. Si Grazia voyait ça, elle lèverait les yeux au ciel en soupirant. Il a tourné en rond dans sa chambre d'hôtel avant l'ouverture de la salle du petit-déjeuner où il s'est rempli de tartines et d'omelette afin de tenir jusqu'au soir. Cette fois, il ne séjourne pas au Palma : le standard sonnait dans le vide. Il s'est rabattu sur le Downtown, plus chic, et situé à deux pas du Musée national.

Dans son énorme valise, Francesco a emporté le minimum, laissant de la place pour les partitions qu'il espère rapporter à Barletta.

Il a toujours un peu le trac quand il doit revoir Ivan Karel, le fils de Rudolf, le compositeur tchèque qui écrivit ses dernières œuvres dans la prison de Pankrác, en griffonnant sur du papier toilette à l'aide une écharde noircie au charbon.

La première fois que le pianiste italien a rencontré son fils, c'était en 1991, lors de son deuxième voyage à Prague, grâce à ses guides sur place, les précieux Blanka Cervinkova et Petr Pokorný. Le Dr Karel, un ophtalmologiste réputé, lui avait d'abord donné quelques petites pièces écrites en détention par son père. Il avait ensuite laissé la confiance s'installer entre eux. Une fois convaincu des bonnes intentions de cet étrange visiteur, il lui avait permis l'accès au *Nonet*, l'œuvre majeure de son père.

Aujourd'hui, Francesco a justement prévu de lui offrir sa version du *Nonet* inachevé, qui figure dans l'encyclopédie. Il veut aussi lui demander l'autorisation de publier la partition reconstruite. Surtout, il a une dernière faveur à solliciter, une œuvre qu'il cherche depuis dix ans : *Les Trois Cheveux du Grand-Père Savoir*. « Allez voir à Terezín », lui avait d'abord conseillé Ivan lors d'une rencontre précédente. Le camp s'est contenté de lui envoyer deux feuilles... Puis : « Allez voir du coté de l'agence théâtrale DILIA. » Mais, là-bas, rien non plus. D'instinct, Francesco sait que le moment est venu de percer enfin le secret à jour.

Depuis sa journée au Parlement, il se sent plus fort. Le mensuel culturel de Barletta, *Il Fieramosca*, a fait de lui le héros de son dernier numéro. Il a été auditionné au siège de la province, pour accélérer la création de son centre de recherche. Trois villes des Pouilles sont en lice : Barletta, qui propose le palazzo Giulini, mais aussi Trani et Andria, où un couvent franciscain abandonné serait mis à sa disposition. Surtout, les dirigeants politiques ont eu vent d'un projet des Américains. Une fondation hébraïque de New York et des chercheurs de l'Arizona ont chacun entamé une approche en vue de récupérer les archives de Francesco. Bref, les choses bougent. Mais lui voudrait rester dans les Pouilles. Avec Grazia, bien sûr, mais aussi avec Paolo et Angelo, les fidèles. Et garder la main sur la recherche. Dès que possible, avec l'accord du *dottore* Bixio, le patron de Musikstrasse, il convoquera à nouveau ses musiciens de l'orchestre pour reprendre les enregistrements, et atteindre l'objectif de quarante-huit disques.

À Prague, Francesco force son chemin dans la foule de la place Andel. Il pénètre le premier dans le bus 123, qui se lance vers les hauteurs du district de Smichov, et les paisibles faubourgs de l'ouest. Assis au premier rang, l'Italien surveille le défilé des maisonnettes. Soudain, il fait signe au chauffeur : « C'est là ! »

Il descend, se plante devant un cube de crépi gris percé de larges fenêtres. Sur le devant, une plaque en l'honneur de Rudolf Karel. Le coin n'est pas très passant. Une colline tranquille que seuls le pépiement des moineaux et le ronflement du 123 réveillent. Il est 9 h 10. Une fois de plus, Francesco s'est trop dépêché : il a cinquante minutes d'avance sur l'heure du rendez-vous. En attendant, il se promène le long des pavillons, tous différents, avec mangeoires à oiseaux, abris de jardin et parterres de fleurs personnalisés. Un vieil homme bêche son jardin en le dévisageant d'un œil.

Francesco s'arrête devant une grande maison jaune, aux fenêtres encadrées de panneaux de bois grenat. Au premier étage s'alignent quelques cactus en pot. Les rideaux des voisins bougent. On épie l'intrus. Il consulte sa montre, relit la plaque à la mémoire du compositeur, et presse la sonnette. Il attend, pétrifié, cinq, dix secondes, en triturant la poignée de sa mallette. Une porte s'ouvre. Apparaît le visage tout en douceur de Mme Karel. « *Hello ! Come in, please !* »

Dans l'excitation, Francesco manque de desceller le portail, saute les marches deux par deux et salue la vieille dame, qui le conduit au salon. Ses traits sont fins, ses yeux bleus rieurs. Elle porte un jogging noir aux manches rouges, et des sabots blancs. Son intérieur est un alignement savant de bibelots, de vases en cristal, et de bouquets de fleurs séchées. Au milieu de ce décor de maison de poupée, voici Ivan, son mari. Il se lève péniblement de son fauteuil de velours mauve. Il a vieilli depuis sa dernière rencontre avec Francesco, mais il a gardé cette poignée de main ferme et ce regard, à la fois dur et chaleureux, qui invite à la franchise. Ce matin-là, il porte un jean gris et un gilet jacquard bleu ouvert sur une chemise à fines rayures. De profondes rides tailladent son front. Sa bouche reste toujours un peu béante. « Je suis convalescent, je me suis cassé la clavicule », raconte-t-il alors qu'il se rassoit, grimaçant, devant la table basse.

Francesco s'assied sur une chaise pliante. « Oh, docteur Karel... *Finally*... » Son anglais s'embrouille sous le coup de l'émotion. Il répète : « *Finally*... » Le bon Karel sourit. Derrière lui, comme un double sévère, le buste de son père, sculpté dans la pierre, trône sur le piano familial. Décontenancé par cet auditoire, Francesco farfouille dans sa mallette trop pleine à la recherche de son disque du *Nonet*. Il comble l'attente en racontant l'enregistrement des vingt-quatre CD, pendant que Mme Karel dispose sur la table basse une soucoupe de biscuits et de chocolats, puis tire le tabouret du piano à côté de son mari, qui observe, toujours souriant, son hôte un peu gauche.

« Voilà, voilà, docteur Karel, voilà enfin le *Nonet* enregistré ». Francesco lui tend le disque 17. Ivan Karel ajuste ses lunettes et contemple le CD. « *Yes, yes, yes...* » Sa femme incline la tête et ils disent en chœur : « Merci. Merci beaucoup. »

Francesco replonge dans sa mallette, comme si sa prochaine réplique y était écrite.

« *So... So...* docteur Karel... »

Le vieux médecin retire ses lunettes, penche son buste vers l'Italien.

« Je vous écoute.

– Cher docteur Karel, maintenant, j'aimerais vous demander une faveur...

– *Ja...*

– Docteur Karel, aidez-moi à retrouver la partition originale de l'opéra *Les Trois Cheveux du Grand-Père Savoir.* »

Ivan Karel échange un regard avec son épouse.

« Docteur Karel, c'est l'œuvre la plus importante qui me manque... Le musée de Terezín ne m'en avait transmis que deux pages... Je sais qu'elle en fait plus de trois cents... S'il vous plaît, pouvez-vous m'aider ? »

Ivan Karel parle à l'oreille de sa femme. Ils discutent en tchèque. Francesco serre sa mallette entre ses pieds. Puis les deux lui sourient encore. Mme Karel se lève. En sabots sur la moquette épaisse, elle se rapproche du vaisselier, prend un gros volume de partitions relié de tissu bleu, qu'elle pose sur les genoux de son mari, puis repart vers le meuble, fouille encore, et rapporte un second volume, à couverture orange. « Je crois que c'est ça qui vous intéresse... », lâche Ivan Karel en tendant ces documents à son visiteur.

Francesco n'entend plus le vieux Pragois lui raconter une fois de plus ce jour d'après-guerre où la fille du gardien Müller surgit sur la colline pour lui remettre les œuvres de son père. Fiévreux, le pianiste italien parcourt les premières pages du livre bleu. C'est l'instrumentalisation du compositeur Zbyněk Vostřák – disciple de Karel avant la guerre – datant de 1948. Un excellent point de départ, une source solide, mais il lui faut l'original, celui en papier toilette, ou du moins une transcription plus fidèle. « Enfin, c'est déjà ça », se dit-il. Tout dépend de ce que réservera le volume orange. Francesco le parcourt à la hâte et lève les yeux vers le Dr Karel, qui l'observe, amusé. « Merci, oh, merci. Merci, docteur Karel, c'est très, très important... » Cette fois, il s'agit d'une transcription fidèle de l'opéra de Karel, simplement pour piano. En quelques secondes, le radar de Francesco a compris que Vostřák a fait le gros du travail, s'est abîmé les yeux pour lui sur les feuilles à moitié putréfiées récupérées par le gardien Müller. Voilà deux sources alors qu'il en espérait une... Celle du cahier orange sera sûrement la plus intéressante.

« *So*, docteur Karel... J'ai une autre requête : acceptez-vous qu'avec mon encyclopédie je publie la retranscription du *Nonet* original que j'ai réalisée en Italie ? »

Karel sourit, ses rides se creusent plus encore.

« Ah, ah, *Mister* Lotoro, bien évidemment ! J'accepte tout de vous ! »

Francesco empile les remerciements dans toutes les langues. Il s'exclame : « Oh, j'ai envie de tout jouer de votre père » et se met à chantonner la *Marche de Pankrác* en battant la mesure sur la table basse, faisant tressauter les biscuits. Mme Karel rit. Francesco prend les deux épaisses partitions.

« Je vais faire des photocopies et je reviens vous les rendre dans deux heures ?

– Dans deux jours ?

– Non, dans deux heures... Je vais en ville et je photocopie tout très vite pour vous les rendre aujourd'hui... Il y a quoi ? sept cents pages...

– Et bien, repassez plutôt vers 16 heures, nous serons là. »

Francesco sort de la maison avec plusieurs kilos de partitions. En saluant d'un geste de la main Mme Karel, qui l'observe depuis le balcon, il souffle : « Dans ces moments-là, j'ai envie de danser, mais je sais qu'ils me regardent... » Il serre sa mallette dans ses bras. L'excitation l'empêche de s'asseoir sur la banquette de l'arrêt du bus. « Je n'ai pas eu une partition, mais deux... Ahaha *mamma* ! » Il se contient jusqu'au passage du 123, qui dévale la colline vers la station Anděl. Assis au premier rang, il extirpe son téléphone de sa parka. Vite, un SMS à Grazia. « J'ai la partition des 3 Cheveux de Karel !!! » Il soupèse de nouveau sa mallette. « Là-dedans, il y a cinq actes, ça doit faire trois heures de musique... Tout ça écrit par Karel dans la prison de Pankrác... C'est formidable ! C'est une très bonne nouvelle... »

Francesco sait que l'original, sur papier toilette, dort dans les archives du camp de Terezín, mais il ne voulait pas tout demander d'un coup ce matin. Il aura bien le temps au retour, cet après-midi. « Je suis sûr qu'ils sont en train d'écouter le *Nonet* ! » se réjouit-il en pensant au couple Karel, quand le 123 le dépose sous les tours de verre de la station Anděl. Il harnache la sangle de son bagage en trois tours à son poignet gauche, serrant si fort que ses veines semblent prêtes à exploser. Aucun voleur ne pourra l'arracher. Sauf à lui trancher la main.

Un centre commercial dernier cri fait face à la synagogue de Smíchov. Lotoro arpente la rue Štefánikova, avant de pénétrer dans une boutique de photocopies. Le vendeur, avisant les volumes poussiéreux, n'a aucune envie de perdre sa matinée à photocopier à tour de bras. Cela tombe bien : Francesco n'a pas l'intention de laisser un inconnu toucher à ses partitions. Il est 11 h 40 quand il s'installe devant la photocopieuse. Il commence par le livre bleu, feuille après feuille, léchant son index pour tourner les pages selon sa technique de robot. À 12 h 45, page 129, la machine en surchauffe s'éteint dans un long bip d'agonie. Le vendeur s'énerve, Francesco aussi. On le chasse vers une boutique attenante, juste à gauche de la porte d'entrée. Les yeux mouillés, le visage fermé, il reprend ses gestes mécaniques. « J'ai bien fait de prendre les deux livres, chuchote-t-il… Je vois des fautes dans le premier, des indications utiles dans l'autre… »

Pour économiser des gestes et du temps, il opère capot ouvert, plaquant le document qu'il photocopie d'une main ferme pendant que le trait vert du laser l'aveugle. Autour de lui, les clients affluent, achètent des feutres, du papier calque ou des gommes. Quand un courant d'air manque d'éparpiller ses précieuses feuilles, Francesco grogne sans se retourner.

À 13 h 05, il entame le quatrième acte. « *Madam ? Madam ?* » Il quémande des feuilles A3. Puis poursuit sa besogne. Les tramways du dehors font vibrer la vitrine.

À 14 heures, il attaque le second tome, la langue noircie par l'encre de l'opéra, à force d'humidifier son index. Les omelettes du petit-déjeuner sont loin, mais il aura bien le temps de manger plus tard. Priorité à Karel.

À 15 h 30 – acte 3 du livre orange –, la salive lui manque, les pages se collent entre ses doigts, ses mains tremblent. Il termine presque en apnée, le geste moins assuré, en grimaçant. Il remet les photocopies dans l'ordre, les glisse dans deux enveloppes cartonnées qu'il agrafe. Francesco passe à la caisse et sort de la boutique en courant. « Vite, les Karel attendent ! »

Devant la synagogue, le 123 vient de quitter son arrêt. L'Italien bondit et se plante devant le bus en faisant bouclier de ses enveloppes. Le chauffeur freine en catastrophe. La porte s'ouvre. Francesco se pose une fois de plus à l'avant.

Le trajet sur la colline semble plus court que ce matin. À peine a-t-il sonné que la porte s'ouvre. Mme Karel fait signe d'entrer. À la même place que six heures plus tôt, Francesco remet les partitions originales au couple, qui a du mal à croire qu'il a fait sept cents photocopies, tout seul, en une journée. Mme Karel propose de l'eau et du jus d'orange. Francesco a la gorge asséchée, les sinus poussiéreux, il manque d'énergie. Il avale trois verres d'eau, autant de jus. Il avait raison : les Karel ont écouté le *Nonet* ce matin. « C'était très beau. Merci, merci beaucoup », lui confie Ivan, les mains en prière.

Francesco s'agrippe à la table basse. « *Well...* Doctor Karel... » Il demande au vieil ophtalmologiste son aide pour récupérer l'original des *Trois*

Cheveux du Grand-Père Savoir dans ce fouillis du musée de Terezín, si mal géré qu'il s'énerve à l'idée même de devoir y remettre les pieds le lendemain. Ivan Karel disparaît dans son bureau, puis revient avec une carte de visite au dos de laquelle il a indiqué son soutien aux démarches de Francesco. Le pianiste la saisit en remerciant, et la glisse dans son passeport. Il est temps de partir. Et de retrouver cette Prague qu'il aime tant. Ses rues du quartier juif, ses places chargées d'Histoire.

Maintenant qu'il est détendu, rassuré, il s'autorise à marcher moins vite, à lever les yeux. La ville a beaucoup changé… Le plan du métro s'est allongé. Il y a toujours plus de touristes. Des groupes d'Italiens qui parlent fort, des Américains, des Français, et des troupes de jeunes Anglais venus pour les clubs de strip-tease et la bière bon marché. Dans la Prague de Francesco, les jeunes écoutaient encore Mozart dans leur walkman. Dans la Prague de Francesco, vivait Blanka Cervinkova. « Elle était jeune, elle serait belle, encore. » Sa maison de disques, Tempo, était le point de référence de ses voyages. Mais Blanka n'est plus là, et Tempo a disparu avec elle.

Il veut passer à la librairie Divertimento, rue Pařížská. Cette artère aux hautes demeures bourgeoises égrène les plus grandes marques du luxe occidental. Parfums, montres, prêt-à-porter. Il s'arrête devant le numéro 13. « *Mamma mia*… Tout a changé. » Dans la vitrine, trois malles en cuir étincelantes sont exposées sous une douche de lumière chaude. Le pianiste lève le regard vers l'enseigne : Louis Vuitton a remplacé Divertimento.

Francesco s'engouffre dans une ruelle en direction de la vieille synagogue. Juste pour toucher de la main sa pierre tiède. Il poursuit sur quelques mètres, en ignorant les magasins de souvenirs qui débordent de chopines, babioles en faux cristal et tee-shirts de mauvais goût. Plus loin, seul de nouveau, il s'arrête sur un coin de trottoir. Il sait qu'ici, à l'angle des rues Maiselova et Jáchymova, il est chez lui, qu'il y sentira, comme autrefois, la présence mystique du Golem, cette créature légendaire, faite de boue et de poussière, créée au XVIe siècle par le rabbin de Prague. Le puissant Golem protégea un temps les Juifs pragois, avant de redevenir poussière. Le Golem, Francesco en est persuadé, dort toujours dans les combles de la synagogue de Josefov, prêt à se réveiller en cas de danger. Le pianiste se sent bien ici, sous sa protection.

Des couples s'enlacent sur les bancs de la place de la Vieille-Ville. Déjà des étoiles apparaissent dans le ciel du soir. L'horloge astronomique va sonner l'heure pile. Francesco se fond dans un groupe de touristes. Tous agitent des appareils photo quand la grande aiguille rejoint le sept. Le squelette tire sur la corde qui sonne le glas et fait basculer le sablier qu'il tient dans sa main. Deux fenêtres s'ouvrent et défilent les apôtres suivis de saint Pierre. La cloche du campanile sonne, un coq surgit d'un clapet. Du haut de la tour, un homme déguisé en ménestrel joue un air de trompette. Au milieu des vacanciers, Francesco se met à chanter. Les appareils photo se tournent vers lui. Fait-il partie du spectacle ? L'homme de Barletta ne les voit même pas. Les yeux au ciel, il sourit.

La route serpente dans la campagne Bohême. Francesco est seul dans l'autocar pour Terezín. Son talisman, la carte de visite d'Ivan Karel, n'a pas quitté son passeport, dans la poche de sa chemise, côté cœur. Il ne sait pas exactement ce qui est écrit dessus mais il est persuadé qu'elle peut lui ouvrir des portes. Même celles de la petite forteresse qui servit autrefois de prison.

Au fond, pourtant, Francesco ne s'attend à rien de bon. Terezín lui a réservé déjà trop de déceptions. Le creuset de la musique des camps est peut-être l'endroit le moins pratique pour ses recherches. Un lieu ensuqué dans une bureaucratie inefficace, qui met la musique sous cloche. Ses dernières visites là-bas n'y ont guère été profitables.

Le car poursuit sa route dans un paysage monotone quand il se dresse dans l'allée centrale. « C'est là ! » lance-t-il, le doigt pointé. Deux cents mètres plus loin, le chauffeur se range le long d'un parking vide, face à un restaurant routier désert.

De son pas sportif, le pianiste repart en sens inverse sur un chemin bordé d'arbres. Une construction militaire en brique se découpe au bout de l'allée. Francesco longe le cimetière chrétien, puis le juif, et pénètre dans la forteresse. Snobant la cahute des tickets d'entrée, il se dirige vers la grande bâtisse des archives, franchit un premier sas, puis une porte en bois, et débouche sur un couloir fermé d'une grille blanche. Le bâtiment a des allures de vieille banque ou de clinique psychiatrique.

Francesco appuie sur le bouton de l'interphone. Pas de réponse. Il tente de nouveau sa chance en écrasant le bouton du pouce, pendant près de dix secondes. Un sifflement, puis le bruit d'un combiné qu'on décroche. « *I am* Francesco Lotoro... »

La porte s'ouvre. Poursuivant son parcours, il teste quelques portes fermées à clef, et finit par pénétrer dans le dernier bureau. Une femme seule attend derrière le comptoir d'une pièce immaculée.

« Qui êtes-vous ? Que voulez-vous ? »

Francesco rappelle sa fonction, résume sa quête. L'employée fait la moue.

« Revenez plus tard, il n'y a personne, ici. »

Il lui tend la carte de Karel. Elle la fait tourner entre ses doigts, et passe un appel interne. Après avoir griffonné quelques lignes sur un morceau de papier, elle le donne à Francesco. « Voici l'adresse de Mme Siknerova, directrice des archives musicales, elle n'est pas disponible mais elle pourra vous aider. » Francesco récupère ses coordonnées mais voudrait la voir en personne, et au plus vite. Il prépare sa requête en anglais quand une chanson des Doors envahit la pièce. Quatre notes de guitare, puis Jim Morrison : « *People are strange / When you're a stranger...* » L'employée file répondre à cet appel sur son téléphone portable. Du fond de la pièce, elle fait signe à l'Italien de déguerpir.

Francesco se retrouve dans une cour recouverte d'un épais tapis de graviers noirs. À main gauche, des baraquements. De l'autre côté, les cellules de la forteresse. Il pénètre dans la première, minuscule, et plongée dans l'obscurité. Il tend les bras, touche les murs, au-dessus du trou des toilettes et du sommier en bois. Peut-être était-ce celle de Rudolf Karel... Il en fait le tour en trois pas, plusieurs fois, en toupie, le visage éteint, puis ressort au soleil reprendre son souffle. Il quitte la prison, sans se retourner, laissant ses empreintes dans la cour où, le 5 mars 1945, le vieux Karel fut amené pour la séance d'épouillage qui allait lui être fatale.

La boutique de souvenirs vend des cartes postales et des porte-clefs, mais plus de partition. Francesco, désespéré par la nonchalance de la vendeuse, vérifie malgré tout chaque vitrine et le moindre recoin d'étagère. Sur le comptoir, devant la caisse, une panière en plastique rose attire son attention : des CD entreposés en vrac, blisters parfois déchirés. Il les parcourt en faisant courir ses doigts sur leurs tranches, s'arrête et se gratte le coin des yeux en soulevant une poignée de disques aux pochettes familières : *KZ Musik*. Les CD 3, 4, 5 et 6 de son encyclopédie ! Klein, Haas, Ullmann et les autres. Trois cent quarante-neuf couronnes pièce. Francesco ignorait qu'on les vendait à Terezín.

Le pianiste reprend son chemin vers le parking des autocars, toujours vide, puis le long de la route jusqu'à rejoindre la cité-ghetto, à un kilomètre de là. Passé sous le porche d'entrée, les premières rues laissent croire à un village fantôme. Il y a bien des antennes paraboliques en haut des immeubles, mais des vitres cassées et des portes condamnées barrent les rez-de-chaussée. Des voitures sont garées çà et là. Des maisons aux allures de squats crasseux succèdent à des bâtiments bourgeois. Il règne ici un calme étrange, le sentiment que rien n'a bougé depuis 1945. Toutes les rues mènent à la place centrale, où se dressait pendant la guerre le *Kiosque* des orchestres de jazz. Le bâtiment craquelé du mémorial ne conserve plus de partition non plus.

Francesco passe devant un marchand de tabac et une boutique de déstockage d'habits militaires. Une pancarte indique le chemin vers le *krematorium*, près des remparts. Il pénètre dans le musée du bâtiment Magdebourg. Il y avait fait quelques trouvailles, autrefois. C'est ici qu'il avait recopié des partitions en douce, au côté des peintres amateurs. Là aussi, ses CD sont en vente à l'entrée. « Avez-vous des partitions ? » demande-t-il. Un vieil homme lui montre du doigt trois livres rouges exposés en vitrine. Trois Gideon Klein datant d'avant la guerre. « *Mamma mia*, c'est un abandon… La vie culturelle de Terezín meurt à petit feu. »

À l'étage, l'exposition permanente n'a pas évolué depuis sa dernière visite, en 2007. Des images de *Brundibar*, des affiches de cabaret, quelques peintures… et des extraits de partitions, photocopiés, exposés sous verre. Il repère une version du *Kaiser von Atlantis*, orientée plein soleil, sous une fenêtre, et dont l'encre a viré au rouge pâle à force de chauffer sous sa cloche de verre. « Rien de nouveau. Toujours des livres qu'on ne peut pas toucher… Et là, tiens, du Walter Lindenbaum… J'ai déjà tout enregistré de lui. » Il approche son index de la partition : « Domdididomdididou. » Puis il se rend aux étages supérieurs et tombe nez à nez avec des adolescents en pyjamas… « *Ma*… ils ont mis un *bed and breakfast* dans le musée ? » Dévalant les marches au galop, il préfère partir.

C'était prévisible : Terezín est un échec. Francesco traverse la place centrale qui sent l'herbe coupée, et se poste au pied du pylône marquant l'arrêt de bus pour Prague. En un dernier coup d'œil panoramique, le centre de Terezín se déploie comme un décor de cinéma. Des façades en carton-pâte qui renvoient l'écho infini de l'horreur nazie.

Le bus arrive à l'heure. Vide, encore. Francesco s'installe contre une fenêtre et s'endort.

De retour au centre de Prague, rive ouest de la Vltava, il ne se laisse pas étourdir par les beautés baroques de la place de Mala Strana. Soucieux dans son tramway, il prépare déjà la prochaine étape : le Centre d'information sur la musique tchèque.

Il descend à un croisement, s'engouffre dans une ruelle, nez en avant, comme un chien parti retrouver son maître. Il s'arrête devant une vitrine encombrée d'affiches de festivals musicaux. « C'est ici », lâche-t-il dans un souffle d'impatience. Une clochette s'actionne quand il pousse la porte. Dans la première pièce, un homme aux cheveux blancs est arc-bouté sur un magazine, seul à une immense table en bois. Un autre homme aux yeux clairs vient à sa rencontre. Les deux marquent un temps d'arrêt. Se dévisagent. « Je suis Francesco Lotoro, le pianiste italien… Vous m'aviez beaucoup aidé les premières années… »

L'homme le reconnaît, bien sûr, Lotoro n'a pas trop changé. Jindřich Baigar, en revanche, arbore désormais une moustache blanche. Elle était brune lors de leur dernier rendez-vous. C'était en 2002. Schulhoff, la numéro 8, l'inondation. Jindrich ouvre ses bras : « Que puis-je faire pour vous ? » Il parle un anglais sec et juste. Francesco ne peut s'empêcher de regarder sa moustache, qui témoigne du temps passé, des années de recherches, de la tâche, évidemment immense, qui reste à accomplir. Jindrich sourit. L'Italien reprend ses esprits en sortant de sa mallette deux feuilles de papier pliées en quatre.

« J'ai beaucoup de mal avec la musique de cabaret de Terezín... et un certain nombre de compositeurs... » Il tend une liste. Un extrait de son fichier MEMO, une sélection des morceaux encore inconnus qu'il a imprimée, en prévision de ce voyage. Jindrich s'assoit à son poste de travail et lance une recherche dans le serveur interne, répertoire aussi complet que possible des chercheurs, auteurs, compositeurs et artistes du pays. L'endroit est digne d'un poste d'espionnage : une trappe au sol mène à la cave, des appareils d'enregistrement à bobines sont entreposés sur des étagères, des listes de noms sont punaisées un peu partout ; de l'autre côté du bureau, un jeune homme au crâne rasé pianote sur un ordinateur, les oreilles enserrées dans un casque.

Jindřinch imprime deux feuilles. « Voilà : il y a cette femme, elle travaillait au département de philosophie de l'université de Prague, et maintenant elle vit à Vienne, mais c'est une spécialiste, elle pourra vous aider... » Francesco le remercie. Puis Jindrich se fige, comme s'il avait soudain une nouvelle idée, et se rassoit devant son écran pour imprimer un autre papier. « L'Institut d'ethnologie de l'Académie des sciences. Vous y trouverez des informations sur les partitions... Vous savez, ma femme travaille à l'Académie, elle est spécialiste de la musique des Sudètes. » Avant de rendre le fichier MEMO à Francesco, il en fait une copie. « Je vais le garder avec moi. Dès que j'aurai des indices, je vous les transmettrai. Bon courage. Au revoir. »

Pour rejoindre l'autre rive, celle du quartier juif, Francesco ne prend pas le pont Charles, avec la cohue des visiteurs. Il préfère filer en tramway. En contrebas, sur les eaux émeraude de la Vltava, les touristes barbotent sur des pédalos en forme de cygnes.

Retour côté est, donc. Une librairie musicale est devenue un restaurant réputé pour ses brunches. Une autre a été transformée en épicerie bio. Les antiquaires eux-mêmes disparaissent. Le seul qui reste, en face d'une cabine téléphonique d'où Francesco appelait Grazia pendant la grande inondation, n'a plus qu'une poignée de classiques de Strauss et Vivaldi. Lotoro ne reconnaît plus non plus le bâtiment municipal où régnait jadis Blanka Cervinkova, sa guide. Dans le hall, il demande à un étudiant rondouillard la localisation et les horaires d'ouverture du département de musique. L'étudiant le traîne par la manche et lui indique une affiche du film *Star Wars*, prochaine séance à 17 heures.

Francesco repart, très énervé. Il s'égare dans les couloirs avant de parvenir à une pièce tapissée de lino bleu, où s'alignent des tiroirs remplis de fiches cartonnées. « K » comme Karel... Il attaque son « marché », note les cotations sur les fiches de demande et les dépose à la table des requêtes. Quatre employés surgissent : il faut être membre pour emprunter, et consulter les livres. Francesco bredouille et disparaît en courant, laissant sa parka par terre. Il réapparaît cinq minutes plus tard avec une carte magnétique à son nom, fraîchement validée. La recherche est lancée.

Il commence par découvrir un livre aperçu la veille au musée de Terezín. « Ouh... Espérons qu'il y ait de la musique... » Des dessins, surtout, et quelques pages avec des portées à photocopier d'urgence. Pages 46, 57, 65... « Ah ! enfin ! Je l'ai ! » Le chant du rabbin Yacob Goldring, en yiddish. Francesco en avait reçu une photocopie en très mauvais état, de l'Académie des arts de Berlin. Il va enfin pouvoir se fonder sur une partition propre.

Il consulte ensuite les archives d'un journal de musique. À en croire les fiches, un article sur Rudolf Karel y aurait été publié en 1985. Francesco feuillette la collection à rebours. Défilent des pages sur des groupes de rock hors d'âge, puis sur les Ricchi e Poveri, vedettes des années 1980 italiennes. Lotoro étouffe un éclat de rire. Et Karel apparaît enfin. « Humm ». Il reconnaît la reproduction d'un passage des *Trois Cheveux du Grand-Père Savoir*, entrevu hier pendant la séance de photocopie. Rien de plus. Des autres opuscules, il ne retiendra aucune découverte : des Pavel Haas qu'il a déjà enregistrés, la numéro 6 de Schulhoff... Il est temps de passer de l'autre côté de la rue, dans cet ancien couvent jésuite surnommé le « Klementinum », qui abrite désormais la Bibliothèque nationale. Là où tout avait commencé, à l'hiver 1990.

La salle des archives musicales sent le cuir et l'humus. La température est tiède, l'humidité maîtrisée. Il s'y meut comme un varan dans une serre tropicale. Les étagères en bois ouvragé accueillent une sélection de beaux livres sur les compositeurs. Au plafond, dans les nuages d'une fresque vaporeuse, une troupe d'angelots observe les derniers lecteurs de la fin d'après-midi. Le soleil rasant pénètre à l'horizontale, par les grandes fenêtres, et perturbe l'œil de Francesco, penché sur un ordinateur. Il tape « Rudolf+Karel » sur le moteur de recherche, et note les références sur des confettis de papier qu'il transmettra à la conservatrice. Il l'a reconnue en arrivant : teinture rousse, queue-de-cheval et dents gâtées ; en 1990, elle était déjà assise à ce bureau.

Il lui remet une dizaine de fiches. Elle s'éloigne vers les rayonnages et revient, dix minutes plus tard, avec la moitié des documents : une valse de Rudolf Karel d'avant la guerre, quelques partitions de Pankrác, des critiques de concerts de Viktor Ullmann... Un moment plus tard, elle arrive avec une deuxième fournée. Francesco passe en revue les documents en faisant non de la tête : « Rien de nouveau ici. »

Sa parka sur le dos, prêt à rentrer à l'hôtel, pensant déjà à son dîner à la pizzeria Venezia, il ouvre un dernier tiroir. Lettre « S ». « Sk-Sz ». Par acquit de conscience, il jette un œil à Jaroslav Skabrada, trompettiste et compositeur de musique d'harmonie, sur lequel il n'a rien trouvé dans les archives numériques. Il fait glisser ses doigts sur les fiches bristol et se fige en chien d'arrêt. Il fouille dans la poche, récupère son crayon, quelques morceaux de papier, et gratte des références en grognant. « Les fiches numériques n'ont pas bien été mises à jour. »

« Schull... Schull... Schulhoff ! » Francesco enlève le tiroir de son logement, le transporte sur quelques mètres en titubant, le dépose sur un bureau et braque une lampe sur les fiches. Rien de neuf. Il a tout.

Le sourcil bas, l'œil noir, il virevolte de nouveau devant les meubles, en pas chassés, au gré de l'alphabet de ses musiciens d'autrefois. Il colle les tiroirs de l'étage supérieur sous son menton barbu, ceux du bas butent contre ses genoux. « J'ai avancé plus vite que la bibliothèque de Prague », soupire-t-il.

Le soleil, au-dehors, est passé derrière la coupole du Klementinum. Les deux étudiantes qui lisaient à l'autre bout de la pièce ont disparu. « Aalt, Kron, Roman, Rubicek... Voilà ceux qui me manquent... » La documentaliste rousse apporte une dernière brassée de documents. Dans le stock, de petites partitions rectangulaires : celles qui se posent sur les trompettes dans les fanfares. « Peut-être la fanfare de Terezín... celle du *tivoli*... » Il note les références de la maison de disques pour leur écrire dès son retour à Barletta.

La pièce est plongée dans la pénombre. Francesco se décide à quitter son vivarium. Il salue la documentaliste. « Si j'ai besoin d'informations, je peux vous demander une adresse ? » Elle écrit son nom et son adresse e-mail sur un morceau de papier. Vingt ans après leur première rencontre, Francesco pourra mettre un prénom sur celle qui lui a fourni ses premiers documents. En lui donnant ses coordonnées, elle dit simplement : « Au revoir, maestro. »

Ce soir, comme hier, comme demain aussi, Francesco dîne d'un plat de lasagnes, dans le décor kitsch de la pizzeria Venezia, à deux pas de son hôtel. Il l'engloutit en quelques secondes, dans un râle de satisfaction, installé à une table posée sur pilotis rayés rouge et blanc, des gondoles peintes en fresque comme panorama. Puis il consulte ses courriers électroniques. Le dernier vient de Terezín, de la fameuse signora Siknerova, directrice des archives musicales. Elle a bien pris en compte sa requête, appuyée par la carte d'Ivan Karel. Demain, elle lui fera parvenir le scan de la totalité des trois cents feuilles de papier toilette afin qu'il complète sa retranscription. Francesco, fou de joie, envoie tout de suite un SMS à Grazia, pour lui dire combien il est heureux. Il lui suffit d'écrire « *Amore mio ti amo* », et elle comprendra. Alors, il repense au film *Les Évadés*. Une autre scène qu'il adore mais dont il ne parle jamais. Celle où Tim Robbins, le prisonnier mélomane, obtient des bières fraîches pour ses copains détenus. C'est le moment du film où le taulard est le plus heureux. Pas parce qu'il boit enfin une bière, non, il n'a même pas décapsulé la sienne, mais parce que ses amis profitent enfin du résultat de son travail.

Francesco sait que des semaines de labeur l'attendent via dell'Industria. Qu'il va passer ses nuits à déchiffrer les notes de Karel, s'y abîmer un peu plus les yeux. Il demandera sûrement un coup de main à Paolo. Ah, il faudra qu'il lui raconte son voyage à Prague, à Paolo. Il a hâte de rentrer à Barletta, maintenant. Avant d'aller boucler sa valise, chargée des sept cents photocopies, il reprendra la lecture du courrier de Mme Siknerova, conclu par ces mots : « Merci pour votre patience. »

Remerciements

Merci à Philippe Broussard pour avoir accompagné ce projet de bout en bout, en accomplissant un travail phénoménal, toujours sensible et rigoureux.
Merci à Jean-Marc Roberts pour sa confiance.

Merci à Francesco et Grazia, pour avoir partagé tant de choses avec moi pendant cette année de travail et de découvertes. En souvenir de ces journées d'été autour du piano et de l'ordinateur, de ces discussions passionnantes, de ces bons repas... Les déambulations pragoises... La tempête de neige... La gare de Benevento...
Merci à Paolo et Angelo pour leur disponibilité et leur gentillesse.

Je tiens aussi à remercier tout particulièrement ceux qui m'ont permis d'accéder aux informations sur les compositeurs évoqués dans ce livre, et donné accès aux documents d'archives. En particulier Roberto Rugiadi, Bernard Goué, Nirmala Goué, Damien Top, Ivan

Karel, Guido Fackler, Barbara Milevski, Waldemar et Maximilian Kropinski.

Merci à Julie Robelet, pour son brillant travail de traduction de l'allemand.

Enfin, merci à Sophie, pour son soutien au quotidien, ses encouragements et son enthousiasme.

Bibliographie

Albert, Marcel, *Pater Gregor Schwake – Mönch, Musiker und Dichter*, in *Heimatpflege*, Westfalen 18, 2005.

Berckley, Georges, *Hitler's gift, The Story of Theresienstadt*, Branden, Boston, 1993.

Berry, Harry, West, Linda, *My Darling Wife*, Authors OnLine, 2004.

Bek, Josef, *Erwin Schulhoff*, Bockel Verlag, Hambourg, 1994.

Boas, Jacob, *Boulevard des Misères, The Story of Transit Camp Westerbork*, Archon Books, Hamden, 1985.

Du Closel, Amaury, *Les Voix étouffées du IIIe Reich. Entartete Musik*, Actes Sud, Arles, 2005.

Fackler, Guido, *« Des Lagers Stimme » – Musik im KZ. Alltag und Häftlingskultur in den Konzentrationslagern 1933 bis 1936*, Temmen, Brême, 2000.

Fenelon, Fania, *Sursis pour l'orchestre*, Stock, Paris, 1976.

Gilbert, Shirli, *Music in the Holocaust : Confronting Life in the Nazi Ghettos and Camps*, Clarendon Press, Oxford, 2005.

Giner, Bruno, *Survivre et mourir en musique dans les camps nazis*, Berg international, Paris, 2011.

Guareschi, Giovanni, *Diario clandestino (1943-1945)*, Rizzoli, Milan, 2009.

–, *La Favola di Natale*, Rizzoli, Milan, 2004.

Huynh, Pascal (dir.) *Le IIIe Reich et la musique*, Fayard, Paris, 2004.

Kammerer, Jean, *La Baraque des prêtres à Dachau*, Brepols, Paris, 1995.

Karas, Joža, *La Musique à Terezín*, Gallimard, Paris, 1993.

Kulisiewicz, Alexander, *Adresse : Sachsenhausen*, Bleicher Verlag, Gerlingen, 1997.

Kuna, Milan, *Musik an der Grenze des Lebens : Musikerinnen und Musiker aus böhmischen Ländern in nationalsozialistischen Konzentrationslagern und Gefängnissen*, Zweitausendeins, Francfort, 1993.

Laks, Simon, *Mélodies d'Auschwitz*, Le Cerf, Paris, 1991.

Langbein, Hermann, *Against All Hope : Resistance in the Nazi Concentration Camps, 1938-1945*, Paragon House, New York, 1994.

Milevski, Barbara, *More Music for the Kinohalle !*, OREL Foundation, avril 2012.

Misul, Frida, « Il diario di Frida Misul » (in *Memorie di deportati livornesi*), Pacini, Pise, 1984.

Openneer, Herman, « Johnny & Jones (Two Kids and a Guitar) », in *Nederland Jazz Archief* n° 40, juin 2001.

Petránek, Pavel, *Operní tvorba Rudolfa Karla*, Národní divadlo, Prague, 2004.
Schwake, Gregor, *Mönch hinter Stacheldraht*, Aschendorff Verlag, Münster, 2005.
Schultz, Ingo, *Viktor Ullmann, Leben und Werk*, Bärenreiter, Cassel, 2008.
Top, Damien, *Émile Goué*, Bleu Nuit éditeur, Paris, 2012.

Sites Internet

Orelfoundation.org

La fondation américaine Orel, référence internationale sur le sujet, propose des articles d'experts sur les grands musiciens déportés.

Holocaustmusic.ort.org

Le site Music and the Holocaust regroupe de nombreux articles, classés par lieux ou artistes, sur la musique des camps, ainsi que des documents et extraits sonores.

Ushmm.org

Le site de l'United States Holocaust Memorial Museum (Washington) recense sa riche collection de documents et renseigne sur le parcours et les œuvres de nombreux musiciens déportés, dont Alexander Kulisiewicz.

Max-ehrlich.org

L'association Max Ehrlich met en lumière le parcours du pianiste allemand Max Ehrlich, et retrace l'histoire de la musique de cabaret, notamment au camp de Westerbork.

Amis.emile.goue.free.fr

L'association des Amis d'Émile Goué s'emploie, autour de Damien Top et Bernard Goué, à promouvoir les œuvres du compositeur français Émile Goué. Leur site, très riche et fréquemment mis à jour, témoigne de la richesse de l'œuvre du « maître ».

Antiwarsongs.org

Ce site italien (« canzoni contro la guerra ») est une mine d'informations sur les chansons et musiques pacifistes et de résistance.

Claude.torres1.perso.sfr.fr

Ce site de référence, très richement documenté, regorge d'informations et de documents sur la musique des camps. Il propose aussi des liens vers les disques et la littérature relative à la musique composée en captivité durant la Seconde Guerre mondiale.

Voixetouffees.org

L'association « Voix étouffées », dirigée par le musicien et chef d'orchestre Amaury du Closel, effectue un travail remarquable de diffusion des musiques des compositeurs victimes du nazisme, lors de nombreux concerts et festivals, de haute qualité.

Table